国际产品内分工下我国加工贸易转型升级问题研究

杜晓英　著

知识产权出版社
全国百佳图书出版单位

内容提要

本书基于国际产品内分工理论研究了我国加工贸易转型升级问题。从分析我国通过加工贸易参与国际产品内分工的现状入手，从我国加工贸易发展中存在的问题以及对宏观经济的负面影响两方面，深入分析我国加工贸易转型升级的必要性，对我国加工贸易转型升级影响因素进行理论与实证分析，在借鉴韩国、新加坡和我国台湾地区加工贸易转型升级经验的基础上，提出我国加工贸易转型升级的途径以及促进我国加工贸易转型升级的对策。

责任编辑：石红华　　　　**责任出版**：刘译文

图书在版编目(CIP)数据

国际产品内分工下我国加工贸易转型升级问题研究/杜晓英著.
—北京：知识产权出版社，2013.5
ISBN 978-7-5130-2006-0
Ⅰ.①国…　Ⅱ.①杜…　Ⅲ.①加工贸易—转型经济—研究—中国
Ⅳ.①F752.68

中国版本图书馆 CIP 数据核字(2013)第 072617 号

国际产品内分工下我国加工贸易转型升级问题研究

GUOJI CHANPIN NEIFENGONGXIA WOGUO JIAGONG MAOYI ZHUANXING SHENGJI WENTI YANJIU

杜晓英　著

出版发行：知识产权出版社

社　　址：北京市海淀区马甸南村 1 号	邮　　编：100088
网　　址：http://www.ipph.cn	邮　　箱：bjb@cnipr.com
发行电话：010-82000893	传　　真：010-82000860 转 8240
责编电话：010-82000860 转 8130	责编邮箱：shihonghua@cnipr.com
印　　刷：知识产权出版社电子制印中心	经　　销：新华书店及相关销售网点
开　　本：787mm×1092mm　1/16	印　　张：11.5
版　　次：2013 年 6 月第 1 版	印　　次：2013 年 6 月第 1 次印刷
字　　数：180 千字	定　　价：35.00 元

ISBN 978-7-5130-2006-0

目　录

第1章　引　言

1.1 研究背景及意义

1.1.1 研究背景

随着经济全球化的发展，国际分工已不仅仅局限于产业、产品间，而是越来越深入到同一产品内部、同一产品价值链上的不同环节。国际分工格局从传统的垂直型分工正向混合型分工转变，呈现出产业间分工、产业内分工与产品内分工并存的局面。在产品内分工下，跨国公司成为分工主体，发达国家的跨国公司在全球范围内配置资源，将同一产品的不同生产环节按照各国、各地区的不同比较优势分布到全球不同地区，成为第二次世界大战后国际分工深化与经济全球化的有力推动者。

产品内国际分工的发展必然伴随着加工贸易的增长与发展，加工贸易是中国参与国际产品内分工的重要方式。发展中国家利用自身劳动力资源的优势，以加工贸易的形式参与跨国公司主导的国际产品内分工，以出口带动经济增长。改革开放以来，我国加工贸易正是利用劳动力资源丰富的比较优势，抓住国际产业结构调整的有利时机在国家优惠政策的支持下承接发达国家以及东南亚转移来的产业基础上发展起来的。30年来，我国加工贸易从无到有，从小到大，实现了超常规、高速度、跨越式发展，其规模不断扩大，在我国贸易发展中占据十分重要的地位。从1981年的26.35亿美元发展到2001年的2302.10亿美元，再到2011年的13052.2亿美元。加工贸易飞速发展带动了我国贸易的整体发展，为经济发展积累了资金、技术，推动了产业结构调整，促进了经济增长，促进了农村剩余劳动力转移，扩大了就业。

然而，加工贸易发展过程中也存在许多问题，主要表现在：加工贸易出口产品主要集中在劳动密集型产品或资本技术密集型产品的劳动密集型环节，高新技术产品所占的比重较低，竞争力不强；处在全球价值链的低端，增值率不高；加工贸易与其他产业间的关联程度低，对国内产业的带动作用未充分发挥；外商投资企业是加工贸易的主体，其战略和目标影响我国加工贸易转型升级方向；加工贸易发展地区不均衡，现有的区域布局有碍于加工贸易的可持续发展等。加工贸易的快速发展也影响了宏观经济的健康发展，主要表现在：加工贸易发展提高了中国对外贸易依存度，从而使中国经济更容易受国际经济形势的影响；加工贸易的发展与中国以优惠政策吸引外商直接投资有密切关系，外商直接投资进入中国很大一部分从事加工贸易，加工贸易发展累积了巨额的贸易顺差，使经常项目顺差，资本项目顺差，从而使国际收支持续顺差，这使人民币面临升值压力，使中国面临更多的贸易摩擦；加工贸易使我国付出了高昂的环境成本和资源代价。

当前，世界经济形势和中国的经济环境都发生了很大的变化。从世界形势来看，受国际金融危机和欧盟主权债务危机的影响，世界主要经济体经济增长乏力，美国长期贸易逆差，美国政府积极采取措施平衡贸易，使中国出口商品的国际需求锐减，中国加工贸易企业面临人民币升值的压力。从国内的经济形势来看，中国长期高投入低产出粗放型经济难以为继，中国正处于城镇化加快发展的时期，中国的劳动力市场也在发生变化，劳动者素质在提高，劳动者年龄结构也发生了变化，中国加工贸易的发展转移了大量农村剩余劳动力，近年来沿海劳动力工资上涨，使加工贸易企业面临更大的成本压力。

当前经济形势下，加工贸易迫切需要转型升级。我国政府也十分重视加工贸易转型升级问题。2003 年党的十六届三中全会讨论通过的《中共中央关于完善社会主义市场经济体制若干问题的决定》明确指出，“继续发展加工贸易，着力吸引跨国公司把更高技术水平、更大增值含量的加工制造环节和研发机构转移到我国，引导加工贸易转型升级”，为加工贸易发展指明了方向。2007 年中国十七大报告提出：“加工转变外贸增长方式，立足以质取胜，调整进出口结构，促进加工贸易转型，大力发展服务贸易”，再次重申了加工贸易转型升级的任务。2012 年十八大报告再次重申要促进加工贸易转型升级。

1.1.2 研究意义

产品内分工理论是近年来发展很快的一套理论体系，集中且准确地体现了当代国际贸易分工的新特点，即跨国公司主宰全球经济的趋势逐步形成以产业内垂直分工的现象日趋明显，中间产品国际间流动越来越频繁。“利用产品内国际分工环境谋求自身发展是中国过去 20 多年改革开放获得成功一条重要经验，因而产品内分工概念和分工框架对解读我国当代经济开放成长的内在机制和规律具有启示意义。”（卢锋，2004）本书基于国际产品内分工理论研究我国加工贸易转型升级问题，借鉴国内外产品内分工的原因与基础的理论，对中国加工贸易发展状况及其经济效应进行分析，从当前加工贸易发展中面临的问题以及对宏观经济的影响两方面分析加工贸易转型升级的必要性，在分析加工贸易转型升级的影响因素以及其他国家和地区加工贸易转型升级的经验借鉴基础上，从多角度提出国际产品内分工下我国加工贸易转型升级的对策。其研究具有重要的理论意义和现实意义。

从理论来看，本研究认为，加工贸易是中国参与产品内国际分工的重要方式，是产品内分工下实现贸易战略的新选择而将基于产品内分工理论研究我国加工贸易转型升级问题。

从现实来看，本研究利用翔实的数据反映我国加工贸易发展的现实对其发展中存在的问题，深入分析以及加工贸易转型升级影响因素的分析基础上，从加强国家（区域）自主创新体系建设，提升技术创新能力；提高外商直接投资的档次，发挥技术溢出效应；加快高新技术加工贸易的转移；开展服务加工贸易；推进加工贸易中间品本地化，提高国内采购率；以保税区转型和建立保税物流园区为中心，发展国际采购与配送中心业务；开拓海外市场，树立自有品牌；实施“走出去”战略，促进境外加工贸易的发展；结合中西部的地区优势开展加工贸易，形成东西互补格局；完善海关加工贸易货物监管等方面提出促进我国加工贸易转型升级的对策对于国家和地方制定加工贸易转型升级的政策具有重要的借鉴作用。

1.2 相关研究综述

对我国加工贸易转型升级问题的研究开始于对我国加工贸易发展问题的研究。加工贸易可以促进经济增长，但是加工贸易发展存在增值率不高等问题，需要通过转型升级来促进其进一步发展。加工贸易转型升级的思想最初体现在国务院研究中心隆国强研究员负责的课题“加工贸易政策研究”的阶段性成果及其国研报告中，该报告虽没有专门研究加工贸易转型升级的问题，但在加工贸易产业升级和技术进步的分析中涉及加工贸易产业升级的问题，并且深入到产业链层面。党的十六届三中全会后加工贸易转型升级问题成为国内学者研究的热点话题之一，近年来学者们逐渐将加工贸易置于产品内分工的视角下进行研究，研究内容涉及加工贸易转型升级的内涵、途径，加工贸易转型升级的影响因素、经验借鉴以及促进加工贸易转型升级的对策。

（1）产品内分工理论

产品内分工概念虽然比较新，但是相关概念可以追溯到20世纪60年代。Vanek（1963），Melvin（1969）以及Warne（1971）较早使用两阶段模型来研究所有工业制成品都可以成为其他行业投入品的条件下产业间商品流动的牵连关系，这是产品内分工的雏形。之后Balassa（1965），Corden（1966），Jone（1971）使用垂直两阶段模型，并用来研究中间产品的贸易模式和贸易效果。Dixit和Grossman（1982）建立了理论模型考察多区段生产系统在不同国家工序分配，分析关税等政策变动对这类国际分工的影响。产品内分工理论成熟于20世纪八九十年代，Jones和Kierzkowishi（1990）的研究是这一时期研究的基础，他们把生产过程分离并散布到不同空间区位的分工形态称为“零散化生产”，并得出结论，服务活动对于开展产品内分工是十分必要的，并指出比较优势和规模报酬递增是推进生产过程分散化进程的主要因素。20世纪90年代后期，研究的文献逐渐增多，研究的角度也逐渐拓展，Yeats（1999）通过观察东亚地区“零件和部件贸易”增长情况，对产品内贸易进行了度量。Hummuls（2001）利用投入产出表数据，对加工贸易进行了度量。Yi（2003）通过建立模型并进行实证分析得出国际产品内分工是世界贸易快速增长的原因的结论。

国内学者研究该问题最早是在20世纪90年代早期，盛洪（1991）对产品内分工决定机制、分工与交易成本关系问题进行了分析。林毅夫（2001）对生产区段国际分工现象进行考察并提出中国参与某些劳动密集区段的生产和出口贸易活动符合比较优势原则。张小济（2003）研究了中日韩之间某些产品内分工和贸易现象。高越（2005）认为垂直专业化分工是同一产业或行业内同一产品的不同生产阶段之间的国际分工，基于比较优势的垂直专业化分工，其表现形式是包含中间产品的产业内贸易，其分工和贸易模式是可预测的。我国在全球垂直专业化分工中的地位是进口半制成品并加工装配成消费品，然后出口，其主要形式是加工贸易。高越在文中所说的垂直化专业分工就是产品内分工的一种形式。田文（2005）研究了产品内贸易模式的决定与利益分配问题，提出发展中国家应以比较优势切入产品内部分工，并调整发展战略，不断提高在分工链条中的地位。张纪（2006）深入探讨了产品内国际分工中的收益分配问题，认为处在产品内分工不同生产环节的企业所获收益是不一样的，各分工环节的市场结构决定了其所获收益。胡昭玲（2008）则研究了中国制造业参与产品内分工的影响因素。

（2）加工贸易转型升级的内涵与途径

国内学者对加工贸易的内涵与途径的研究较少，现有的研究散见于我国加工贸易转型升级的对策中。刘德学、付丹、卜国勤（2005）对加工贸易升级有以下几层含义：①更多的加工贸易企业融入世界高新技术产业网络，使加工贸易逐步向高新技术产业转移并实现产业的国际对接，即产业升级，如从服装到汽车再到计算机；②加工贸易企业所生产的产品逐渐从低层次的简单产品转向同一产业内更复杂、更精细的产品，即产品升级；③加工贸易企业所从事的价值链环节和增值活动向高附加值方向转移，更多地把握战略性环节和增值活动并营造出自己的生产网络体系，即价值链升级，如从生产到营销、设计，从装配到OEM再到ODM、OBM；④加工贸易企业逐渐转向采用更高效率的生产方法，即生产过程升级，如从传统制造到CAM；⑤加工贸易企业在网络中的角色逐渐向更高层次攀升，不断提高在全球生产网络中的地位和控制力，即角色升级，如从低层级供应商到高层级供应商再到合同制造商和品牌领导者。何力（2006）则从10个方面解析了加工贸易转型升级：①从数量增加型向质量提高型转变；②从单一的创汇型向综合效益型转变；③从单纯的货物贸易向货物贸易与服务贸易并重转变；④从较短的产业链和较浅的加工深度向延长产业链、增加加工深度转变；⑤从企业主体的外资主导型向内外资并重型转变；⑥从产品的中国制造向中国创造转变；⑦从主要依靠廉价劳动力和土地资源来保持竞争力，向通过降低物流等服务成本提高竞争力转变；⑧以高污染、高能耗和不可再生资源的不断灭失为代价这种粗放型的发展向环境友好型、资源节约型的可持续科学发展转变；⑨从部分地区优先发展起来向中国各个不同经济区域的均衡发展转变；⑩使中国从贸易大国向贸易强国转变。

（3）加工贸易转型升级影响因素

对我国加工贸易转型升级影响因素的研究开始于对加工贸易升级因素的研究，国内一些学者对此问题进行了研究，早期的研究以理论分析为主。潘悦（2002）认为我国加工贸易的地位已经显著提高，且已进入产业升级阶段。影响我国加工贸易升级换代的因素主要有：劳动力供给、当地企业的技术水平、体制制约因素（国有企业问题、科技体制改革不到位、知识产权制度）、政策环境、外资企业的战略与目标。张靖（2003）在对加工贸易产业升级状况分析的基础上，提出了具体影响加工贸易产业升级的一些因素，如劳动力禀赋情况、企业和产业的技术水平、体制制约因素以及相关政策环境。隆国强（2003）认为影响我国加工贸易产业升级和技术进步的因素主要包括五大类，即产业基础、技术吸收和创新能力、有关体制机制的制约因素、加工贸易政策环境以及加工贸易企业的战略和目标。其中影响加工贸易发展的产业基础因素又包括劳动力供给情况、产业基础生产能力和技术水平以及产品的国际竞争力。于瀚，严岩（2008）认为产品结构、企业主体、技术水平和产业链构成四个要素既相互联系又相互制约，构成了我国加工贸易转型升级的主要因素，且认为产品结构包括：国际产业链定位、国内要素禀赋、国内产业基础、国内宏观政策；企业主体、企业自身水平；企业在管理、技术、营销等方面的能力、企业的构成、企业性质。技术水平包括：国际技术转移、跨国公司的技术外溢和技术扩散、国内技术进步。

近来一些学者对该问题进行了实证分析，黄箐、杨三银（2006）考虑要素禀赋条件，技术进步，外商直接投资，国内产业结构的因素，OLS 逐步回归对我国加工贸易结构升级影响因素进行实证分析研究。国内学者用加工贸易增值率度量加工贸易转型升级的程度的指标对加工贸易转型升级的影响因素进行实证研究。朱钟棣等（2007）选取1996—2005年的数据，建立了包括经济发展水平、低成本人力资源供应、人力资源禀赋、运输成本、地区技术研发能力、规模经济和外商直接投资共7个解释变量在内的模型，运用普通最小二乘法实证分析加工贸易增值率的影响因素，但是该文章没有考虑解释变量的序列相关性以及地区之间的个体差异性。张明（2010）利用2001—2007年的数据，基于协整理论和误差修正模型实证分析了资本深化、研发投入、人力资本、加工贸易规模等因素对中国加工贸易增值率的影响，但没有考虑到外商直接投资、劳动力成本、产业结构等重要因素的影响作用。刘德学（2006）、张庆霖等（2011）、葛翠翠（2010）等将加工贸易增值率作为度量加工贸易转型升级的指标，实证分析加工贸易转型升级的影响因素。葛翠翠（2010）的研究中，考虑了外商直接投资、产业结构、贸易开放度、要素禀赋条件、相关配套产业的发展，运用普通最小二乘法估计，结果表明外商直接投资、产业结构、贸易开放度、要素禀赋条件、相关配套产业的发展影响加工贸易增值率；张庆霖等（2011）利用2000—2008年的19个省的数据建立动态面板模型考察了加工贸易转型升级的机制。研究中考虑了外资研发、内资研发、外资规模、对外贸易规模。

（4）我国加工贸易转型升级的经验借鉴

一些学者研究东南亚地区加工贸易转型成功升级的经历与经验。钟坚（2002）对我国台湾省加工出口区产业和制度的历史演进作一分析，认为加工出口区要根据形式发展适时转型升级，要有自己的产业特色，并且还要有一套灵活的制度保障。李静茹（2004）借鉴韩国、日本、新加坡、我国台湾省加工贸易转型升级的经验，认为加工贸易的发展应该立足现状，依据产业特色合理布局，加强实行集中管理，提高效率，适时实现加工贸易升级换代。方静（2011）通过对我国台湾、新加坡以及韩国加工贸易转型升级历程的分析提出可供借鉴的经验：加工贸易产业应积极融入全球生产网络；通过知识扩散和产业集聚力实现产业升级；需要政府政策引导和支持；完善加工贸易环境。林燕（2007）提出新加坡加工贸易转型升级的经验：重视制定发展战略，正确把握发展方向；重视知识产权保护。张冰（2011）研究我国台湾加工贸易转型升级的启示，认为台湾加工贸易转型升级得益于：根据世界经济环境的变化及时调整产业政策，根据岛内产业政策实施调整出口加工区的设置政策；实施委托加工制度鼓励岛内采购，发展国际物流业。曾贵、钟坚（2010）提出我国台湾加工贸易转型升级的启示：第一，在政府层面，各级政府要适时进行加工贸易制度调整与创新，提高政府服务水平和质量，鼓励、引导和扶持加工贸易的区域转移和技术创新，为实现加工贸易转型升级营造良好的经济环境；第二，在企业层面，加工贸易企业要树立危机意识，增强学习主动性，充分利用加工贸易的知识溢出效应，同时努力提高自主创新能力，努力创建自主品牌，向ODM或OBM制造商转型升级。

（5）促进加工贸易转型升级的对策

目前，对我国加工贸易转型升级问题的研究是从加工贸易发展现状入手，分析加工贸易发展面临的问题，加工贸易转型面临的国际国内机遇，然后从不同角度提出促进加工贸易转型升级的策略。有代表性的观点有：张燕生（2004）从宏观上提出了加工贸易转型升级的方向，指出应把引进来（完善投资环境和提升配套能力，引进大跨国公司的核心技术和业务）、扎下根（允许加工贸易企业有一定内销比率，使加工贸易企业与本地市场形成密不可分的经济联系）、本地化（鼓励本地企业主导的进料加工贸易）作为不同阶段的目标和任务，创造产业、产品、工序的转型升级和技术进步的良性机制（如开放竞争、加快模仿、主动配套、联合研发、尊重产权）。加工贸易应由加工制造为主逐步向采购、加工制造、分销服务、售后服务以及研发、信息资讯等方向转型升级，沿着价值链逐步由低向高、由简单向复杂、由生产向综合服务和全球运营方向转型升级，其中全球化综合人才的培养和选择机制至关重要。加工贸易的未来转型升级应与新发展观相一致，即向经济、社会和自然协调可持续发展的方向转型，尤其要坚决抵制对经济、社会和自然有长期负面影响的投资、生产和服务性活动。张旭宏（2004）则从加强和改善加工贸易的审批管理；科学规范加工贸易的分类管理；优化加工贸易产业结构，引导加工贸易良性发展；大力推进中西部地区加工贸易发展；妥善处理加工贸易内销问题，减少对国内产业的冲击；发展出口加工区，规范加工贸易管理；进一步改革和完善加工贸易管理体制七个方面较全面地提出加工贸易转型升级的策略。王子先、杨正位、宋刚（2004）分析了我国加工贸易的发展与别的国家加工贸易的差距，并提出了未来加工贸易转型升级应通过以下五种途径转型升级：产业和产品结构的升级，产业链条的升级，产业集聚水平的提高，引入外来投资者，加快对传统产业和国有企业的改组改造。马强（2006）则进一步提出采取积极措施、制定合理的长远的产业政策引导加工贸易转型升级，并进一步指出东部地区要抓住机遇，利用CEPA和中国与东盟自由贸易区的合作机会，积极开展加工贸易合作和"走出去"，强调中西部地区要根据自身优势，优先发展自身特色产业。裴长洪、彭磊（2006）在灵活加工贸易管理模式、创新海关监管模式、拓展加工贸易企业的业务经营范围、有效结合加工贸易和服务贸易的发展等方面提出了促进我国加工贸易转型升级的策略。江华与黎国林（2009）认为我国加工贸易转型升级应以超前性和关联性为原则，根据国民经济中的支柱产业，发展产业影响力，拓宽加工贸易内涵，承接国际服务业转移，积极发展服务业加工贸易、关联效应大和附加值高的加工贸易；继续发展高新技术加工贸易，促进加工贸易向高技术产业转型。陈剑（2010）认为我国的加工贸易应该由单边向双边实施战略转型，这就需要国内外市场双驱带动，调整营销战略以适应不同特性的市场。第一，精准市场定位；第二，做好渠道规划，提高渠道操作与创新能力，这个是关键；第三，塑造品牌，实施品牌制胜战略；第四，调整产品结构，适应市场需求；第五，强化营销能力，建立与营销战略相配套的组织架构。

1.3 研究思路及主要内容

1.3.1 研究思路

本文在对已有文献进行梳理的基础上，基于国际产品内分工理论对我国加工贸易转型升级的问题进行研究。具体思路如下。

①从加工贸易发展的背景、发展现状、发展的经济效应角度深入分析我国通过加工贸易参与产品内分工的状况。

②从加工贸易发展中存在的问题和加工贸易的迅速发展对宏观经济的负面影响角度分析当前促进我国加工贸易转型升级的必要性。

③考虑要素禀赋状况、产业结构、外商直接投资、需求条件、技术水平、技术创新与吸收能力，国内出口退税、深加工结转政策角度对我国加工贸易转型升级影响因素进行理论分析及经验研究。

④提出我国加工贸易转型升级的途径、从加强国家（区域）自主创新体系建设，提升技术创新能力；提高外商直接投资的档次，发挥技术溢出效应；加快高新技术加工贸易的转移；开展服务加工贸易；推进加工贸易中间品本地化，提高国内采购率；以保税区转型和建立保税物流园区为中心，发展国际采购与配送中心业务；开拓海外市场，树立自有品牌；实施“走出去”战略，促进境外加工贸易的发展；结合中西部的地区优势开展加工贸易，形成东西互补格局；完善海关加工贸易货物监管等方面对策。

1.3.2 研究内容及主要观点

本文基于产品内分工理论对我国加工贸易转型升级问题进行了深入研究，主要内容如下。

第 1 章：引言。主要阐述本文的研究背景、研究意义，从理论背景和现实背景考虑具有一定的理论和现实意义；介绍了研究思路、主要内容、研究方法与创新之处，梳理了产品内分工原因与基础，加工贸易转型升级相关问题的国内文献。

第 2 章：国际产品内分工与加工贸易的理论分析。对相关概念进行界定，产品内分工趋势，指出加工贸易是中国参与产品内国际分工的重要方式，是产品内分工下实施贸易战略的新选择；对产品内分工的原因与基础，国际产业转移理论进行研究，为全文的研究奠定理论基础。

第 3 章：我国通过加工贸易参与产品内分工现状分析。从加工贸易总额、加工贸易来料加工与进料加工构成比例；加工贸易商品结构；加工贸易发展主体结构；地区分布角度分析加工贸易发展现状；从理论与实证角度对加工贸易拉动经济增长，技术溢出效应，加工贸易的就业促进效应的加工贸易发展经济效应进行分析。

第4章：国际产品内分工下我国加工贸易转型升级的必要性。主要从加工贸易发展中存在的问题以及加工贸易发展对宏观经济的影响角度分析我国加工贸易转型升级的必要性。具体而言，我国加工贸易劳动力比较优势在逐步减弱，影响了加工贸易的持续发展；我国加工贸易处在全球价值链的低端，增值率不高；虽然加工贸易出口产品结构升级，但加工贸易出口产品竞争力不强；加工贸易与其他产业间的关联程度低，对国内产业的带动作用未充分发挥；外商投资企业是加工贸易的主体，其战略和目标影响我国加工贸易转型升级的方向；加工贸易发展地区不均衡，现有的区域布局有碍于加工贸易的可持续发展；加工贸易发展引起经常项目、资本和金融项目双顺差，使我国面临严重的贸易摩擦，使我国经济付出了严重的环境成本和资源代价。

第5章：国际产品内分工下我国加工贸易转型升级的影响因素分析，是本文研究的主要内容之一。研究中对禀赋状况、产业结构、外商直接投资、需求条件、技术水平、技术创新与吸收能力、国内出口退税、深加工结转政策角度对我国加工贸易转型升级影响因素进行了理论分析，使用2000—2010年中国省级面板数据对我国加工贸易转型升级影响因素进行实证研究，结果表明技术创新能力是影响我国加工贸易转型升级的主要因素，外商直接投资不利于我国加工贸易转型升级的影响。

第6章：国际产品内分工下我国加工贸易转型升级的国际经验借鉴。分析了韩国、新加坡、我国台湾加工贸易转型升级对中国加工贸易转型升级的经验借鉴。紧紧抓住国际产业转移的有利时机，合理运用产业政策，鼓励本土企业自主研发，提升加工技术水平，研发新产品和创立自主品牌，提升传统加工贸易产品的档次，重视知识产权保护，重视发展高新技术产品加工贸易，实施委托加工制度，鼓励国内采购的发展，重视国际物流业的发展经验对中国加工贸易转型升级有重要的借鉴意义。

第7章：国际产品内分工下我国加工贸易转型升级的途径。借鉴国内其他学者观点的基础上，提出我国加工贸易转型的途径：产业链升级、产业升级、区域升级、主体升级、培养产业升级。

第8章：基于产品内分工的我国加工贸易转型升级的对策研究。是本文的主要研究内容，从11个方面提出促进加工贸易转型升级的对策。第一，应当通过进一步培育以企业为主体的技术创新主体，建立科技成果转化为核心的创业投资体系，完善以科技中介机构为主导的创新服务体系，构建以优化环境为目标的政策法规体系，健全以科技人才和创业人才培养为重点的人才开发体系的具体措施，加强国家（区域）自主创新体系建设，提升技术创新能力。第二，应当加大对大型跨国公司的吸引力度，鼓励外商投资企业在华设立科研开发中心，要提高研发机构研发活动的档次，要下大力气加强跨国公司研发机构的溢出效应，提高本土企业吸收能力，提高外商直接投资的档次，发挥技术溢出效应。第三，应当认识商业模式差异，培育新的核心竞争力，实行双轨制，避免订单流失，培育创新能力，占领市场竞争制高点，规划品牌架构，建立国际化品牌识别体系来实现 OEM 企业转型升级。第四，要在国家相关政策上给予外商投资引导，要在国家税收上给予高新技术企业优惠，建立与国际接轨的投资税收抵免制度，改善以外资为主体的高新技术产品加工贸易格局，培育以市场为导向的新型高新技术产品加工贸易企业的方式来加快高新技术加工贸易的转移。第五，通过重视生产性服务业的发展，将生产者服务业加工贸易政策作为目前加工贸易的重要组成部分，寻求行业切入点，与竞争对手形成差异来发展服务加工贸易。第六，提高国产中间投入品的质量和技术水平，促进中小企业集群发展，不断提高集群内外部的产业配套能力，要为企业建立中间投入品供求信息库，完善深加工结转政策，制定更加合理的原产地标准，完善加工贸易税收政策来推进加工贸易中间投入品本地化，提高国采购率。第七，加强基础设施建设，扩大物流流量，挖掘保税物流潜力，提高运作水平，深化保税物流功能，以保税区转型和建立保税物流园区为中心，发展国际采购与配送中心业务。第八，企业应建立符合实际情况的营销策略，改善投资环境，变“海外接单”为“国内接单”，政府应在资金、信息、网络建设方面给予支持，创建品牌效应以方便开拓海外市场，树立自有品牌。第九，进一步完善境外加工贸易宏观管理制度，以政府为主导营造友好的境外加工贸易国际环境，建立和完善境外加工贸易的支持体系，企业制定合理的海外投资战略，实施“走出去”战略，促进境外加工贸易的发展。第十，要根据东中西部地区的相对优势，协调加工贸易区域发展的战略定位，采取合理的措施引导沿海加工贸易向内地转移，进一步扩大

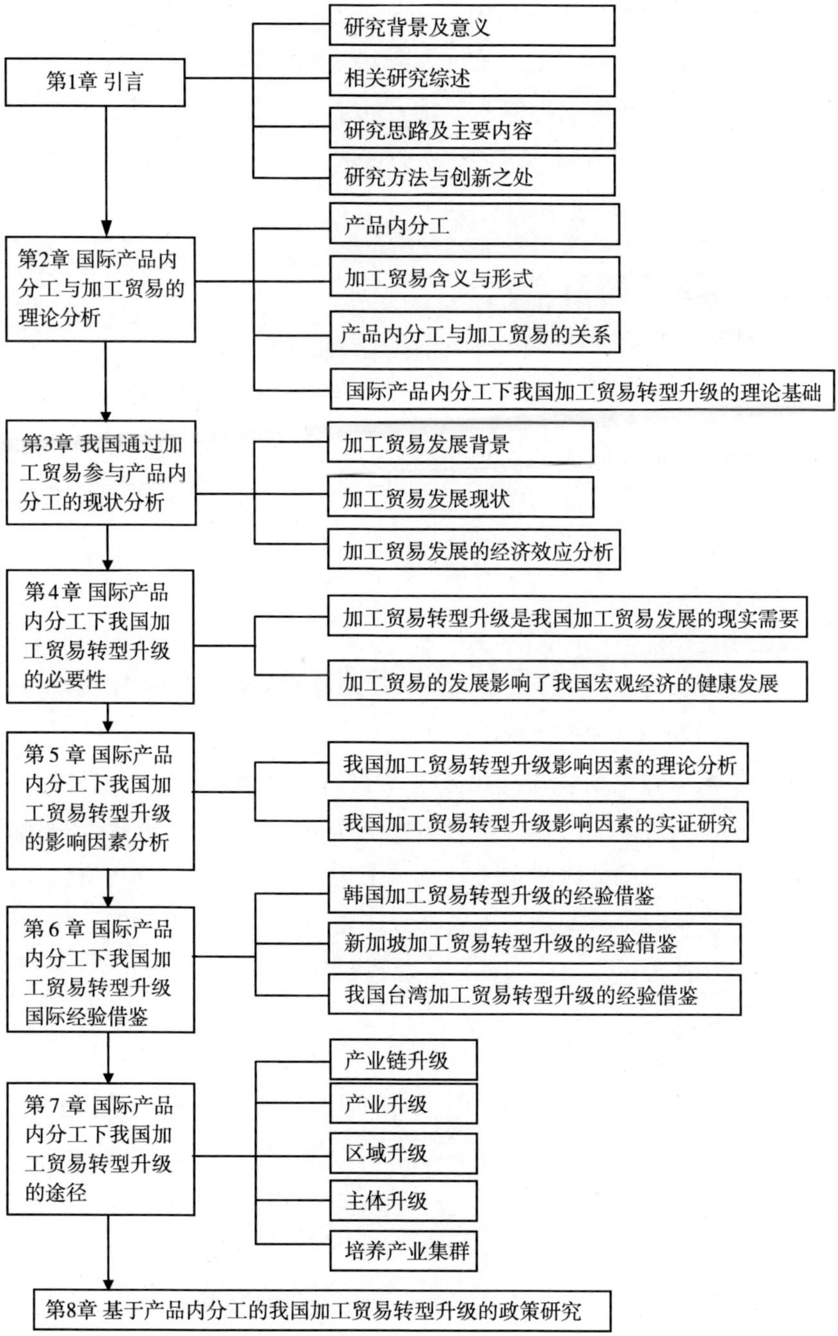
第1章 引言
研究背景及意义
相关研究综述
研究思路及主要内容
研究方法与创新之处
第2章 国际产品内分工与加工贸易的理论分析
产品内分工
加工贸易含义与形式
产品内分工与加工贸易的关系
国际产品内分工下我国加工贸易转型升级的理论基础
第3章 我国通过加工贸易参与产品内分工的现状分析
加工贸易发展背景
加工贸易发展现状
加工贸易发展的经济效应分析
第4章 国际产品内分工下我国加工贸易转型升级的必要性
加工贸易转型升级是我国加工贸易发展的现实需要
加工贸易的发展影响了我国宏观经济的健康发展
第5章 国际产品内分工下我国加工贸易转型升级的影响因素分析
我国加工贸易转型升级影响因素的理论分析
我国加工贸易转型升级影响因素的实证研究
第6章 国际产品内分工下我国加工贸易转型升级国际经验借鉴
韩国加工贸易转型升级的经验借鉴
新加坡加工贸易转型升级的经验借鉴
我国台湾加工贸易转型升级的经验借鉴
第7章 国际产品内分工下我国加工贸易转型升级的途径
产业链升级
产业升级
区域升级
主体升级
培养产业集群
第8章 基于产品内分工的我国加工贸易转型升级的政策研究

图1-1 本书框架

东西部加工贸易政策落差等方面来促进东中西部加工贸易发展。第十一，通过实现海关管理思想和观念的转变，完善法规和政策，形成有效的宏观管理机制，建立加工贸易风险管理体系，建立健全“企业自管、海关监管、政府协管、社会共管”的综合治理机制，实行多种管理手段以提高监管水平和行政效能来完善海关加工贸易监管。

1.4 研究方法与创新之处

1.4.1 研究方法

我国加工贸易转型升级问题是我国贸易发展中重要的现实问题，受到国内学者的广泛关注。为了深入细致地分析该问题，本文采用规范分析和实证研究相结合的方法，在理论分析的基础上阐明本文的主要内容。

（1）理论分析

本文基于产品内分工的原因、基础，国际产业转移理论基础上分析我国加工贸易转型升级问题，从理论上分析了我国加工贸易转型升级的影响因素。

（2）实证分析

本文通过大量数据的表述与比较发现我国加工贸易发展中存在的问题，然而单纯的统计描述不能解释问题背后深层次的原因，因此还需要采用计量分析方法分析变量之间的因果关系。具体来说，本文的实证分析有使用时间序列格兰杰因果检验分析我国加工贸易技术溢出效应；使用动态面板数据一步系统广义矩估计分析我国加工贸易转型升级影响因素。

1.4.2 创新之处

（1）基于产品内分工理论来研究我国加工贸易转型升级问题

认为加工贸易是我国参与产品内分工的主要方式，是产品内分工下实施贸易战略的新选择，因此基于产品内分工理论来研究我国加工贸易转型升级问题。

（2）加工贸易转型升级应当注重生产性服务业的发展

加工贸易主要集中在制造业，但是随着我国加工贸易的发展，东部地区经济实力的总体提升，加工贸易也应该向服务业延伸，发展服务加工贸易需要生产性服务业发展做支撑。

（3）根据东中西部地区的相对优势，协调加工贸易区域发展的战略定位

本文提出东部地区加工贸易由生产向综合服务和全球经营方向的转型升级，中部地区应以发展劳动密集型加工贸易为突破口，从单一加工向价值链上下扩散和延伸，西部适合发展资源、技术密集型加工贸易和特色加工贸易。

第2章　国际产品内分工与加工贸易的理论分析

2.1 国际分工的新阶段：产品内分工

国际分工是国际贸易产生和发展的基础，也是世界经济发展的重要推动力。国际分工经历了产业间国际分工到产业内分工再到产品内国际分工不断深化的过程。产品内分工是国际分工发展的新阶段。

2.1.1 产品内分工的含义

产品内分工（Intra-product specialization）是指特定产品生产过程中不同工序、不同区段、不同零部件在空间上分布到不同国家，每个国家专业化于产品生产价值链的特定环节进行生产的形象。其核心是特定产品生产过程中不同工序或区段通过空间分散化展开成跨区或跨国性的生产链条或体系，因而有越来越多的国家参与特定产品生产过程不同环节或区段的生产或供应活动。

要深入理解产品内分工的含义就必须深入理解“产品”和“生产过程”的含义。一般意义上，产品是指经济社会在一定时期产出的具有某种或多种经济功能的物品或服务。但从研究产品内分工现象的特定需要来讲，我们需要有一个不同于一般意义上或营销学上的产品概念。北京大学的卢峰分析产品内分工，将产品区分为一级产品和二级产品。一级产品（product of the first order）是能独立发挥某种消费和生产功能的物品。一级产品可分为两类：一类是家庭、政府和不同主体能够直接消费利用的最终产品，另一类是厂商之间提供的机器、设备等资本品。二级产品（product of the second order）在自身形态上不具备独立的消费和生产功能，但是通过组装、连接或加工等程序，以原生或转换形态构成一级产品的特定组成部分。二级产品也可以分为两个子类：一类是零件、部件、配件、子系统组件或模块等通常称为中间产品的物品，统称为零件类二级产品（product of the second order in form of parts）；另一类是原料如棉花、木材、化纤、钢材和其他金属等，统称为原料类二级产品（product of the second order in form of raw materials）。而且，不少零件类二级产品如汽车发动机等，生产过程本身是一系列工序和区段分工的结果，这类分工链如果在国际范围内展开，也可以用国际产品内分工框架来分析。原料类二级产品内部通常包含很多工序组合，这些工序间可能发生国际分工；另外，原料生产过程与下游加工过程组合在一起，有可能构成跨行业的产品内分工。在该定义中，二级产品虽然可以继续进行分工，但是作为一级产品的投入品或零部件，从一级产品角度来讲，二级产品就不是产品，这样在概念上就比较混淆。因此，所谓产品，是指企业生产出来的、不再使用于企业或生产链条的生产过程中用于满足消费者需要或企业作为资本品投入的最终物品。

“生产过程”，微观经济学用生产函数描述生产活动，把生产过程归结为投入产出关系。狭义理解与管理学的标准定义比较接近：“生产又称制造，指创造一个产品的工序和技术总和；因而生产过程包含若干加工工序和活动区段连接而成的过程，其中又通常要经过更为细分的程序化操作或次生工序。对生产过程的广义理解，包含产品设计、制造、流通并最后达到消费对象的整个流程，即销售也包含在内。

2.1.2 国际产品内分工的发展趋势

在经济全球化和信息技术革命背景下，产品内分工有以下的发展趋势。

(1) 跨国公司对产品内分工的控制日益加深

跨国公司成为产品内分工的主导力量，既是其技术优势的体现，也是其在全球化背景下改变竞争战略的必然要求。首先，从分工和专业化的技术属性看，生产环节的技术独立是分工和专业化发展的基础。当今世界的先进生产力主要为发达国家所掌握，跨国公司又是各发达国家的最先进技术的主要创新者。显然，跨国公司最具备产品内分工这一基础条件。其次，产品内分工是跨国公司在经济全球化形势下改变其竞争战略的必然要求，产品内分工的实质是跨国公司在全球范围内的资源整合。经济全球化改变了跨国公司外部经营环境，跨国公司将采取全球竞争战略。在全球竞争战略下，跨国公司为追求效率最大化和成本最小化，以世界视野来考虑研究与开发、工程设计、原材料和部件采购、生产制造、营销及售后服务、财务及投融资、人事及人力资源开发等各个经营环节，把各种经营活动安排在相应的低成本国家，实行全球一体化、网络化经营，从而获得全球竞争优势。跨国公司通过全球竞争战略对产品内分工的控制不断加深。

（2）产品内分工发展呈现区域性特点

区域经济一体化潮流和区域自由贸易协议的不断涌现使产品内分工发展也呈现出区域性特点。目前，产品内分工形成三大区域：美国和加拿大、墨西哥等拉美国家的产品内分工，日本、亚洲“四小龙”、东盟国家和中国形成的产品内分工，德国、法国等发达国家和东欧国家形成的产品内分工。产品内分工发展呈现区域性特点在短期内可能进一步加强，区域经济一体化的加强使产品内分工的区域性特点更加明显。但从长期来看，随着经济全球化的深入，各区域之间的贸易和投资壁垒将逐步降低和消除，从而使产品内分工打破地理区域界限，各国能更加充分地发挥各自的比较优势，使产品内分工更加充分地发展。

（3）产品内分工正从有形产品向无形服务发展

信息技术革命使产品内分工突破生产制造环节，朝服务环节延伸。工业经济时代，产品生产链延长主要表现在产品制造环节和工序的分裂方面，而在知识经济时代，产品生产链由生产制造环节向前后两个方向延伸。产品生产链向前延伸出产品的研究开发、设计、生产组织方法、员工培训等新环节，向后延伸出产品分销、物流、批发、零售、广告、品牌管理、售后服务等新环节。这种产品生产链的延伸不仅适用于工业制造品，也适用于农产品生产和服务产品生产，如此一来，产品内分工的对象就会得到极大的扩展。那些原来生产环节不复杂，生产技术可分离程度小的产品，在知识经济时代，仍可以成为产品内分工的对象。在传统国际分工中，服务产品由于其不可贸易性而被排除在分工范围之外，近年来，服务产品将改变这一属性，转变为可贸易产品，且在国际贸易中的比重日益上升，使服务产品的生产者和消费者可以跨越国境，实现服务产品生产和消费的统一过程。另外，信息技术革命使服务产品可以最终转化为信息数据，并通过互联网将服务成果传送到世界各地，实现了服务产品的可贸易性。产品内分工的发展也正在从有形产品扩展到服务领域。

（4）产品内分工将发展为知识密集型生产要素和非知识密集型生产要素的分工

以信息技术革命为基础的知识经济的兴起，单位价值产品中所包含的物质量越来越少，包含的知识量越来越多，创造性的智力劳动日益取代体力劳动，成为创造财富的主要源泉。跨国公司的核心竞争力体现在智力劳动环节上，产品内分工也将突出表现为智力要素（知识要素）密集环节与非智力劳动要素密集环节的分工。

2.2 加工贸易的含义及主要形式

加工贸易是我国对外贸易统计中所运用的概念，与一般贸易对应。别的国家的对外贸易统计中并没有“加工贸易”一词。但是从性质上看与国际上通常说的“委托加工出口业务”（processing deal foe export）或“对外加工装配业务”（external processing and assembling）或 OEM（原厂委托制造 Original Equipment Manufacture）有相同的概念。在国外的贸易文献中常用的外包（Outsoucing）、生产过程分散化（Fragement）等都是与加工贸易密切相关的概念。

国内对加工贸易内涵的描述最初是在 1981 年召开的中国国际贸易学会成立大会，即第一界学术年会上，当时的提法是“以进给养”。所谓“以进给养”是指“进口原材料加工成成品出口”的经营方法。这种经营方法是在因出口产品材料供应不足而难以扩大生产、占据国际市场的背景下提出来的。对“以进给养”的特点和积极作用，学术界做了多方面的概括，即补充货源、适销对路、售价较高、进出两旺、多创外汇、促进生产、扩大就业、消除矛盾、协调生产、有助于扭亏为盈和推动工贸联营等；发展前景概括为，具有生产行业的基础、适应沿海出口基地的新要求和利用外资的三大优势。在有关提高经济效益的讨论中，把大力提倡“以进给养”作为发展中国家对外贸易的一项重大战略性措施。当时它被作为一种扩大进口的战略措施而得到提高，而并未当做一种贸易方式。

20 世纪 90 年代中后期由于加工贸易对整个国民经济作用的变化和国际形势的变化，人们开始从加工贸易的特点、范围等更宽的视角重新审视加工贸易的含义。广义的加工贸易是泛指国外企业以投资的方式将部分生产转移到东道国或利用东道国原有的生产能力加工装配产品，然后运到东道国境外销售的活动。狭义的加工贸易是指国家对来料或进料加工采取保税监管的贸易。本文采用《〈中国加工贸易问题研究〉课题组》(1999) 的概念。认为，加工贸易是指以保税方式从国外进口原材料和中间产品经加工成成品后再出口的贸易方式。包括来料加工和进料加工。1999 年 6 月 1 日发布的《外经贸部关于加工贸易审批管理暂行办法》中作了更严格的规定：加工贸易是指从境外保税进口全部或部分原辅材料、零部件、元器件、包装物料（以下称进口料件），经境内企业加工或装配后，制成品复出口的经营活动，包括来料加工和进料加工[1]。

来料加工是指由外商提供原辅材料、元器件、零部件，由境内企业按照外商提出的规格、质量和技术标准加工成成品或半成品，由外商自行在海外市场销售，并按双方议定的费用标准，向外商收取加工费（即工缴费）。有时外商在提供原料、辅料的同时，还提供有关的机器、仪器、工具、模具、包装机械等，这些机械设备的价款，从收取的工缴费中扣除。进料加工是指外贸公司或企业自行进口原材料、零部件、元器件，根据国际市场的需求，或自己的销售意图，加工或制造商品销往国外市场，赚取销售成品与进口原料之间的差价。

来料加工和进料加工的相同点在于：两者的料件均来自国外，制成品都在国外销售，即“两头在外”；两者的料件和制成品均属保税货物；加工的目的都是为了赚取外汇。其根本差别在于：来料加工企业在国内没有实际意义的自主经营，以合作的方式与国内的经营企业建立业务关系；进料加工企业则是依照有关的法律在国内成立的独立法人（三资企业），可根据实际情况自主调整生产料件和制成品的购销方式，使其加工成品最低限度地受到影响，

[1] 《对外贸易经济合作部关于印发〈加工贸易审批管理暂行办法〉的通知》，1999 年 5 月 27 日。

并能迅速地适应和发展。具体来说，来料加工和进料加工的主要区别如下：一是料件的所有权不同。进料加工企业需要购买进口料件，拥有料件的所有权；而来料加工则是由于外商免费提供进口料件，经营企业不能拥有料件的所有权。二是制成品的所有权不同。进料加工企业拥有产品所有权，产品由该企业负责外销出口；而来料加工企业不拥有产品所有权，由外商负责产品出口，不必考虑销售。三是企业经营风险不同。进料加工企业自定生产、自定销售、自负盈亏、自担风险；而来料加工企业只收取加工费，不参与利润分配，不承担经济风险。四是享受的优惠政策不同。进料加工中进口的料件不征收关税，并享受增值税保税，对于进料加工中使用的国内料件先缴纳17%的增值税，等产品出口后再给予9%的退税；而来料加工进口料件不征收关税，也不征收增值税。可以看出进料加工企业自主性更强，承担的风险也更大，是比来料加工更高级的加工贸易方式。

2.3 产品内分工与加工贸易的关系

2.3.1 加工贸易是中国参与国际产品内分工的重要方式

尽管产品内分工与加工贸易的定义在文字表述上有所不同，但国际产品内分工下的贸易与加工贸易的内涵基本一致。从流程来看，基本上是“进口—加工装配—出口”模式；从目的上看，进口是为了出口，而且出口制成品；从市场来看，两头在外，委托方负责控制出口市场，而我国境内企业只参与和承担整个生产制造过程中的某个工序工艺的工作；从生产角度来看，随着经济全球化的迅速发展，国际分工和企业间分工日益深化和细化，专业化程度越来越高，生产链条越来越长，单个企业只需也只能参与整个生产链条中的某个环节某种产品的生产。

人们已经意识到加工贸易不仅是一种贸易方式，也是参与国际分工的一种方式，是与当今商品交换国际化、资本国际化和生产国际化趋势相符合的跨越国境的生产活动，是国际分工日益深化的体现。因此，当一国利用进口的原料或中间产品来生产出口产品时，国际产品内分工便产生了。由此可见，加工贸易是参与产品内分工的主要方式，国际产品内分工的变化与发展，引起了国际贸易方式和结构的变化，促进了国际加工贸易的发展。

2.3.2 加工贸易是产品内分工下实施贸易战略的新选择

贸易战略要根据经济形势来制定，主要考虑经济发展战略、经济发展阶段、经济规模、国内市场的供求状况和收入分配状况以及国际因素。其中国际因素主要有世界经济的发展、国际分工水平和分工程度以及国别贸易政策。

产品内分工上述因素尤其是国际因素发生了重大的变化，由此将对一国工业化的路径产生重大影响。在国际分工以产业与产品为界时，传统的进口替代战略与出口导向战略是能够培育起相关产业的。当分工深入到产品的生产环节时，垂直一体化的生产方式下，产品也是没有国界的，在中国制造并不等于中国制造，贸易保护或出口鼓励的对象可能是别国的企业与别国的产品。同时产品内国际分工又给发展中国家带来了机会，在产业分工和产品内分工的背景下，无论进口替代还是出口导向，都是分阶段进行的，总是从劳动密集型产业向资本与技术密集型产业攀升，在完成工业化的初步积累后进行产业结构的升级，发挥比较优势。发展劳动密集型产业与注重动态利益发展资本技术密集型产业始终是一对矛盾，而在产品内国际生产与分工条件下，发展中国家可以利用发达国家转移产品的生产环节，零部件以及生产工序的机会，迅速地在某些新兴产业中占有一席之地，一国可以越过初步阶段发展资本密集型产业或高新技术产业，从事该产业或产品密集型生产环节的生产。

产品内分工使发展中国家工业化的道路由产业或产品的升级转变为沿产品价值链进行攀升，由一般装配向中间产品，研发产品攀升。在产业与产品分工的背景下，一国工业化的任务很重要的方面就是积累资金，资金积累多了，在资金与劳动力存在一定替代的条件下，就可以发展资本技术密集型产业。而在产品内分工下，中间产品的设计与创新频繁，知识形态的产品不断增加，研发或营销成为价值增值链上其他环节的龙头。从投入要素来说，低价值增值环节与高价值增值环节的差异主要不是在于资本密集度的高低，而是在于劳动素质的差异、受教育年龄的差异和知识结构的差异。低层次劳动和高层次劳动不向资本和劳动那样存在着替代性，它们之间几乎是不可替代的。提高劳动者素质需要技术扩散，学习效应，整个国家教育制度的投入与改革，因而发展战略就绝不仅仅是进口替代或出口导向型。贸易壁垒的降低是产生产品内分工的重要前提，随着区域经济一体化进程的加快，我国加入 WTO 承诺条件的兑现，贸易战略和贸易政策的选择及调整的幅度比以前小了。而进口替代与出口导向战略都需要对本国的产业进行倾斜的贸易政策产业政策及其他配套政策，高关税、非关税壁垒以及对出口补贴是一般常用的手段。在 WTO 规则的约束和产品内国际分工条件下，降低关税水平削减非关税壁垒与实施国民待遇是一国接受国际规则开放本国市场的必然要求。在这样的环境下，进口替代和出口导向难有立足之地。而且在产业分工与产品分工的背景下，国家之间的贸易都是以对方的市场存在为前提，进口的产品是为了满足本国的市场，出口也是为了满足本国的市场。而产品内分工下生产满足的主要不是参与生产国家的产品消费市场，而是世界其他国家的市场。因而传统的贸易保护的保护国内市场的贸易方法甚至战略贸易政策都失去了存在的基础。当贸易国的出口为了占领本国市场时，本国贸易政策才有效，才能转移对方的利润与租金，如果纯粹是为了利用本国的要素比较优势作为某生产环节的地点，贸易保护是没有任何实际意义的，所起的作用只能是赶走可能存在于本国的生产，使本国的劳动力失去本可以有的就业机会。

因此，加工贸易不仅符合产品内分工与生产的基本特征，也是建立在自由贸易基础上的一种贸易方式，因而它代表着国际分工的新趋势，部分发达国家及新兴工业化国家都采用加工贸易作为实现工业化的途径，加工贸易成为众多发展中国家替代进口与出口导向战略来实现工业化的新选择。

2.4 国际产品内分工下我国加工贸易转型升级的理论基础

2.4.1 产品内分工的原因与基础

（1）比较优势与产品内国际分工

从传统贸易理论的角度分析，产品内国际分工带来了分工程度的深化和细化，基于要素禀赋的比较优势由产品层面扩展到工序层面。如图 2-1 所示，考虑两个国家：资本（K）丰裕的发达国家 A 和劳动（L）丰裕的发展中国家 B，AA'与 BB'分别表示 A、B 两国两条等值的等成本线，通过 AA'与 BB'交点

的射线 OS 具有国际分工临界线的经济含义。X_0、Y_0分别表示 X、Y 两种最终产品的单位价值等产量线，OX、OY 分别为 X 与 Y 的生产扩张线，位于国际分工临界线的两侧。在不存在产品内国际分工的情况下，按照赫克歇尔—俄林定理（Huckster-Ohlin Theorem），AB 两国将分别专业化生产并出口 X、Y。在产品内分工条件下，假定 X 的生产可以分割为劳动投入相对比较密集的 X_1 阶段和资本投入比较密集的 X_2 阶段，两个阶段的要素投入比例分别由生产扩张线 OX_1 与 OX_2 表示。X 的总要素密集度为 X_1 、X_2 两个生产阶段要素密集度的加权平均，生产扩张线 OX 上单位价值 X 的实际生产点，可以利用对 X_1 、X_2 两个生产阶段矢量加总的原理来确定。图 2-1 中 X_1 、X_2 分别位于国际分工临界线 OS 两侧，这就意味着发达国家 A 国应将 X 生产中劳动投入相对比较密集的 X_1 阶段转移到发展中国家 B 国进行，这种分工仍然建立在比较优势的基础之上。

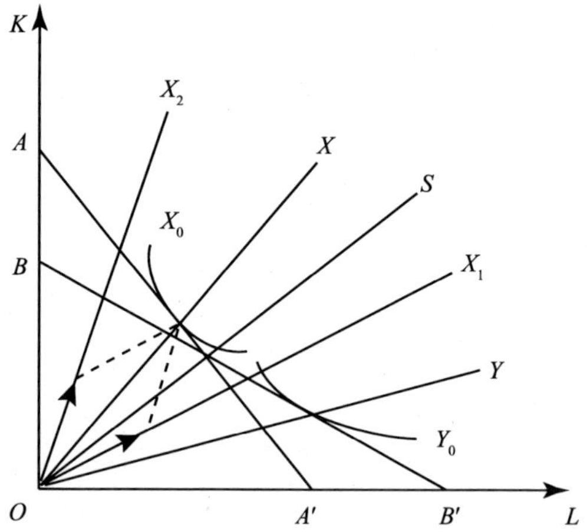

图 2-1　建立在比较优势基础上的产品内国际分工

可见，对发展中国家而言，丰富廉价的劳动力资源仍然是参与产品内国际分工的基础。当然，发达国家在将制造业生产中的劳动密集型生产环节转移出去的过程中，也会考虑发展中国家基础要素的质量和效率。换言之，同样是劳动丰裕的发展中国家，劳动力的基本素质和生产效率相对较高的国家较之其他国家能够更多地吸引发达国家的跨国外包，参与产品内国际分工的程度更高。

（2）规模经济与产品内国际分工

从新贸易理论的角度分析，规模经济也是促使产品内国际分工发生的重要因素。如果特定产品不同生产阶段对应的有效规模不同，在生产过程为一个整体不能分离的情况下，生产企业只能依据某个关键阶段的有效规模安排整体生产的规模，其他生产阶段就无法达到最佳规模。如图 2-2 所示，假定特定产品的生产分为两个阶段，AC_1 与 AC_2 分别为两个阶段的平均成本曲线，两个阶段的最佳规模分别为 Q_1 、Q_2 。在不存在产品内分工的情况下，如果按照阶段 1 的最佳规模来安排生产，阶段 2 就无法充分获取规模经济利益；同样，如果按照阶段 2 的最佳规模来安排生产，阶段 1 就偏离了最佳生产规模。通过产品内分工可以解决上述问题，将两个生产阶段分割开来，分散到不同国家进行，每一阶段都可以实现最佳规模从而有利于成本最小化。反过来说，获取规模经济利益、降低生产成本的动机可以成为产品内分工的推动因素。

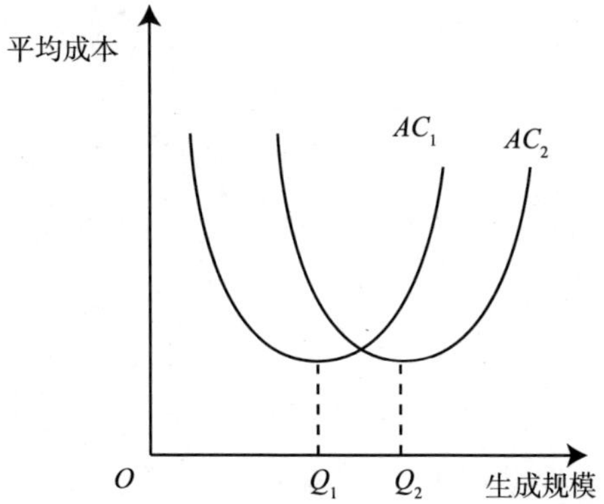

图 2-2　规模经济对产品内分工的推动作用

规模经济和比较优势均可成为产品内国际分工的基础，在标准贸易理论中二者是互补的关系，分别用于解释产业间贸易与产业内贸易两类不同的贸易现象，而在对产品内国际分工的研究中二者被结合起来。特定产品生产过程中的不同环节既可能存在规模经济差异，也可能存在要素投入比例差异，通常是后者决定了不同工序的国别分工结构，而前者强化了这种分工（卢锋，2004）。发展中国家基于低成本劳动力的比较优势参与产品内国际分工，其制造业的基础和发展水平越好，就越有能力承接更多的劳动密集型环节的生产，从而更有可能获得大规模生产的利益，降低生产成本，提高生产效率。因此，发展中国家制造业的规模也是影响发达国家跨国外包地区选择的重要因素。

（3）交易成本与产品内国际分工

产品内国际分工需要不同国家与地区的各个生产环节之间的衔接配合以及零部件等中间产品（和服务）的多次跨国界交换，交易成本对产品内分工的发展影响较大。根据威廉姆斯（Williamson，1975）和诺斯（North，1970）等人的划分方法，交易成本可以分为外生交易成本和内生交易成本。由于内生交易成本不容易测度，目前的研究主要是外生交易成本。技术进步和服务成本尤其是通信、运输和金融服务成本的下降导致了垂直一体化生产过程分割为独立的片断并进入国际市场［琼斯和考孜考斯基（1998，2000）］；专业化服务的完全自由贸易也会影响产品内分工。如果没有运输成本或服务价格在不同国家之间的均等化，专业化服务的完全自由贸易会增加片断化，反之，如果专业化服务是不同质的且先进国家的复杂专业化服务存在很高的运输成本（冰山成本），专业化服务的自由贸易会减少落后国家出口的零部件范围从而妨碍片断化［Deardorff（2001），Long，Riezman & Soubeyran（2001）］；贸易壁垒（关税和运输成本）的不断下降是影响产品内分工的重要因素［Hummels，Rapoport and Yi（1998）；Hummels，Ishii and Yi（1999，2001）］。贸易壁垒如关税等的降低为具有不同资本—劳动要素比例的生产阶段配置到不同的国家提供了经济上的激励（垂直一体化可以带来关税削减倍增效应），导致国际分工在更加深入的层面—生产片断上进行。

从内生交易成本角度分析产品内国际分工的文献主要是 Grossman，Helpman（2002），他们认为国际外包的程度取决于在每个市场搜寻的相对成本、定制化投入品的相对成本、每个国家的合约环境性质。Gereffi，HumphreyBcSturgeon（2005）基于交易成本经济学（机会主义、资产专用性、交易频率）、生产网络、技术能力和企业层面的学习等文献概念，找出了决定全球价值链治理和变化模式的三个重要变量：交易的复杂性、对交易编码的能力、供给基地的能力，并提出了五种治理模式：科层型、依附型、关系型、模块型、市场型。五种模式的显性协调水平、权力不对称性逐级降低，交易成本却逐渐提高。

与交易成本紧密相关的还包括基础设施、合同环境、法律制度（如劳动法、知识产权法）、市场体系、行政官僚体制效率、政治稳定性、经济政策连续性等方面的内容。只有这些方面比较完善的国家（地区）才会降低交易成本，从而对产品内国际分工产生足够的吸引力。

（4）产业、产品、产品不同生产环节特性与产品内分工

不同的产业具有不同的特征，其对应的国际分工也应该有不同的方式。Lall，Albaladejo 和 Zhang（2004）认为，之所以不同的产业表现出不同的片断化（产品内分工）密度，主要因为不同产业的产品具有不同的生产制造可分离性、不同的生产技术复杂性、不同的价值重量比率。比如，电子产业的产品具有高度的生产制造可分离性，不同环节的技术复杂性差异很大，价值重量比率很高，所以往往是国际片断化分工的主要产业；汽车产业虽然具有经济上高度的技术可分离性、不同制造环节的技术要求差异也很大，但是价值重量比率相对较小，很多零部件比较笨重，需要接近当地市场生产才具有竞争优势。因此，其国际片断化生产相对受限，而化工等具有连续生产过程的产业往往不具有经济上可行的国际片断化生产方法。

从产品内国际分工的角度分析，不同的产品构造意味着不同程度的分解可能性，跨国界分散生产制造的可能性也不相同。张捷（2007）专门讨论了产品构造与分工组织的问题，引用 Ulrich，Gulati 等人的观点，将产品构造概括为如何将一个产品的各种功能有机地配置到各个有形组件上的设计原理问题，即产品构造是生产者在生产的自然属性、产品功能和技术手段的约束下所作出关于产品组件配置及其相互关系的技术决策的集合。如果按照功能元素与有形组件的结合方式以及组件之间的界面结构，产品构造大致可以分为两大类：模块型构造（modular architecture）和集成型构造（integral architecture）。产品构造可以被视为劳动分工的技术路线图，它直接关系到分工的细化程度、方式和组织结构。产品构造与分工组织之间存在着紧密联系，

对于每一种产品构造来说，在技术上应当存在某种最优（效率最高）的分工组织结构。一般而言，模块型构造的产品具有标准的接口界面，易于将生产制造过程进行非常深入的分解，并在不同的国家（地区）展开；集成型构造的产品通常没有标准的接口界面，其功能元素与有形组件的结合形式是一对多或多对一的，其生产制造过程/环节之间的配合需要较多的默契（意会知识），跨国界（地区）的企业间分工会相对受限，但是并不排除分工（包括从企业内部到关联企业之间国际分工）的可能性。

产品内国际分工与不同生产环节的要素密集度是息息相关的（Arndt，1997，1998，2001；Jones & Kierzkowski，1990；Deardorff，2001；Kohler，2004；Baldwin & Nicoud，2007）。在建立关于产品内国际分工的理论模型时，通常都会假定产品的不同生产环节具有不同的要素密集度（而且通常都会假定不存在要素密集度逆反），资本密集型环节会配置在资本相对丰裕的国家（地区），劳动密集型环节会配置在劳动相对丰裕的国家（地区），通过生产环节之间的交易实现生产要素的跨国界流动。因此，产品内国际分工并没有否定或者违背 H-O 模型的基本原理，只是放松了其关于生产要素不能跨国界流动，因而产品只能够在一个国家（地区）内完成整个生产制造过程的假设。Lall，Albaladejo B，Zhang（2004）认为不同生产环节的要素密集度差异是导致不同产业片断化生产差异的重要因素，只有当要素价格节省的生产成本足以抵消运输费用和协调费用时，国际片断化生产才是有利可图的。由此可见，与产品不同生产环节的要素密集度紧密相关的国家（地区）之间的要素禀赋差异在产品内国际分工实践中具有决定性的作用。

2.4.2 国际产业转移理论

发达国家或地区从“边际产业”入手，向发展中国家或地区实施产业转移，被转移的产业层次由低级向高级梯次展开。发达国家和地区的生产区位中心，随着产业（产品）生命周期的不同阶段而形成不同的转移模式。

一种产品（产业）的生命周期通常可以划分为创新、成熟和标准化三个阶段。技术在产业（产品）生命周期中的动态变化形成了新型产业（产品）周期的不同阶段，进而也使得生产要素的密集性也会发生相应的改变，从而导致产业（产品）比较优势的动态变化，推动着产业（产品）区位中心的动态转移。一般情况下，创新产业的生命周期开始于发达国家和地区，经过若干年后的生产和出口，创新产业便进入了生命周期的晚期阶段，随后生产和出口基地就随之转移到发达国家或地区以及发展中国家和地区。

在产业（产品）的整个生命周期的变化过程中，既是产业（产品）移出国从技术垄断到技术扩散的变化过程，也是产业（产品）移出国技术要素和资本要素的密集型由弱变强的变化过程，更是产业（产品）移入国技术要素和资本要素由弱变强的变化过程。两者之间生产要素密集性此消彼长的动态变化，必将导致两国之间的比较优势在产业（产品）间的动态转移，形成在产业（产品）生命周期的不同阶段移出国生产区位中心的不同转移模式。

伴随着生产密集性的改变，发展中国家或地区在承接产业转移的过程中，逐步实现由比较优势向竞争优势的转变。在对外贸易中，一国的比较优势并不是一成不变的，而是随着一国要素供求状况的改变而发生变化。发展中国家和地区劳动力丰富而资本和技术短缺的要素禀赋状况，决定了其比较优势在于劳动密集型产品的生产上，随着经济的发展，发展中国家或地区的要素禀赋状况必然发生变化，劳动这一生产要素由于不断得到充分利用而变得短缺起来，相应地，资本和技术这两种生产要素由于不断积累而变得丰裕起来，这时，发展中国家或地区的比较优势就由劳动密集型产品的生产转移到资本和技术密集型产品的生产上来，并在此基础上逐步实现由比较优势向竞争优势的转化。

一个国家的竞争优势说到底是若干行业的竞争优势问题，影响一国开发其行业竞争优势最大的、最直接的因素有四项：生产要素、需求状况、行业配套以及由此形成的聚合效应、企业战略和政府政策等软件因素。其中生产要素又分为基本要素和高等要素。基本要素包括自然资源、地理位置、气候条件、初级劳工等；高等要素包括现代化的电讯网络、高精科技人才、高校科研中心和领先科学等。基本要素对一国来说是遗传或天赋，是确立比较优势的源泉。竞争优势更多与高级要素联系，强调对资源的利用水平。随着经济的发展，基本要素的重要性将日益下降，而后天开发投资而积累起来的高级要素的作用将越来越明显。比较优势是由一国资源禀赋和交易条件所决定的静态优势，是取得竞争优势的条件，竞争优势是一种将潜在优势转化为现实优势的综合能力的结果；比较优势作为一种潜在优势，只有最终转化为竞争优势，才能形成真正的产业竞争力，其中关键是生产高等要素的形成和创造。

在国际产业转移中，劳动密集型产业转移和承接相对容易，资本—技术密集型产业转移和承接相对较为困难，主要是由于发达国家或地区利用垄断优势和寡头垄断的市场结构，严格控制技术的转移和扩散，以节制发展中国家和地区的技术升级；由于这类产业对零部件和原材料在技术上要求较高，对劳动力素质的要求也高，要承接这类产业转移，不仅需要发展中国家根据产业（产品）的上下游垂直关系，发展相关产业和配套产业，形成产业链延伸并发展产业（企业）集群，实现中间产品和零部件的本地采购以降低产品成本，同时还要对现有设备和业务流程进行大规模的技术改造，提高技术管理人员的素质，只有这样通过比较优势的积累、转换创造以及高等要素的不断调整、发展、提升和换代，发展中国家和地区的资源利用效率才能得到提高，才能实现产业（产品）从比较优势向竞争优势的转变。

如果把一个产业按其价值分为一系列互不相干又相互关联的经济活动，产品的研究开发、生产制造、加工组装、展览营销和营运管理等将构成产品的增值活动，其总和构成了产品的价值链。产业（产品）的投入产出的垂直关系和价值链的不同区段，使得国际分工和由此形成的国际生产中心的分布，不再依赖于各国之间的资源禀赋，而是取决于产业（产品）价值链中的各个环节（区段）的要素密集性的变化状况和由此导致的产品成本的高低，取决于跨国公司的全球战略定位和企业内部资源的合理配置。

在产品价值链中，各个环节之间相互关联，相互影响，每个环节的成本和效益都直接影响着产品的整体竞争力。由于各国生产要素禀赋不同，国与国之间的比较优势主要表现为在价值链上某一特定环节的优势。为了实现其全球战略的需要，跨国公司对整个产业（产品）价值链进行拆分和对产业空间分割，把各个环节分到能更好地实现总体战略目标的地方，实行统一的管理和控制，分别分到具有比较优势的国家和地区实行产业生产，然后在全球范围内实行产业整合。

第3章　我国通过加工贸易参与产品内分工状况分析

3.1 我国加工贸易的发展背景

3.1.1 我国加工贸易的兴起

20世纪70年代以后，“出口加工区”开始在全球兴起。亚洲“四小龙”以及南美和非洲的发展中国家纷纷利用本国的劳动力优势，大力引进外国资本，在境内划分出各种形式的出口加工区积极发展对外贸易。部分发达工业国为了吸引外资和改造落后地区，发展本国经济，也兴办了类似的出口加工区。到1978年3月，在菲律宾马尼拉举行世界加工出口会议时，设立出口加工区的国家和地区已达33个。出口加工区实行海关保税监管，再加上基础设施良好，政策优惠，可以有效地吸收外资，同时又可以学习外商先进的技术和管理经验，发挥本国或本地区劳动力、土地、资源等方面的优势。

改革开放之初，我国国民经济和对外贸易发展水平较低，为此，借鉴工业化国家经济起飞的成功经验，充分利用我国劳动力资源丰富的比较优势，在国家优惠政策的支持下发展了加工贸易。但也有研究认为，我国的加工贸易早在1957年就已经出现。当时我国正处于经济困难时期，物资极端匮乏，为了解决扩大出口所需的原材料，就实行“以进给养”的外贸方针，先进口原材料（主要是棉花、羊毛等纺织原材料），然后加工成制成品出口换汇。这种“以进给养”的贸易形式实际上属于进料加工。当时的加工贸易规模很小，仅限于几个主要的沿海口岸，由专业外贸公司经营。20世纪60年代前期，这种加工贸易有所发展，但却在“文化大革命”中被中断和破坏。改革开放之初，中国香港的加工贸易非常繁荣，香港厂商接到来自世界各地的大量加工订单，有的厂商即使加班加点也无法按时完成任务。广东和福建等地与香港、澳门、台湾毗邻，且有大批华侨，可以利用大陆劳动力资源丰富的优势，从港澳台地区转接订单。1979 年 7 月，中央决定给予广东、福建两省以优惠政策，成立深圳、珠海、汕头、厦门四个经济特区。1979 年，国务院正式颁布了《开展对外加工装配和中小型补偿贸易办法》，广东和福建两省本具有毗邻港澳台的地理优势，再加上特殊优惠政策的鼓励，其加工贸易发展迅速，成为中国加工贸易发展的主要区域。随后，随着改革开放的深入，全国其他地区也借鉴广东和福建两地的成功经验，纷纷出台各种优惠政策和措施，吸引外商到当地投资，大大促进了加工贸易的发展。1986 年 10 月，国家制定了《关于鼓励外商投资的决定》，1987 年 9 月，国务院办公厅转发了经贸部《关于抓住有利时机进一步发展来料加工装配等业务请示的通知》，两个文件中提出了中国对外经贸战略，即“大进大出，两头在外”，充分发挥我国在劳动密集型行业的比较优势。1992 年 7 月，海关总署颁布了《对外商投资企业进出口货物监管和征免税办法》。这三大政策具体规定了以吸引外商投资为主要目的的加工贸易的政策。之后中国加工贸易进入快速发展时期。

3.1.2 我国加工贸易发展阶段

30 多年来，我国加工贸易从无到有，从小到大，实现了超常规、高速度、跨越式发展。从加工贸易出口在总出口中所占的比重和加工贸易政策变化过程来看，加工贸易发展可以划分为以下四个阶段。

第一阶段（1978—1988 年）：探索与鼓励发展阶段。

这一阶段我国加工贸易刚刚起步，加工贸易额较低，加工贸易额占总贸易额的比重较低，但增长速度快。从图 3-1 和表 3-1 可知，1981 年，我国加工贸易进出口总额为 26.35 亿美元，占当年全国对外贸易进出口总额 381.4 亿美元的 5.98%。到 1988 年，我国加工贸易进出口总额为 265.79 亿美元，占我国贸易总额的 25.86%。加工贸易发展迅速，除 1983 年、1985 年外，我国加工贸易进出口增长率均在 30% 以上，1987 年，加工贸易增长率达 52.98%，进料加工开始起步，来料加工发展迅速，并在加工贸易中占据主导地位，1979 年《关于发展对外加工装配和中小型补偿贸易办法》，对来料加工业进行了明确规定，来料加工业务得到快速发展。1980 年我国来料加工进出口值仅 16.6 亿美元，1988 年迅速发展至 287 亿美元，是 1980 年的 11.5 倍（同期全国进出口总额增长 1.3 倍）。1988 年加工贸易出口额 140 亿美元，占全国进出口总值的 29.5%；其中来料加工 77 亿美元，占加工贸易出口总值的 55%、全国出口总值的 16.2%。

第二阶段（1988—1995 年）：快速发展与规范管理阶段。

20 世纪 80 年代后期，随着世界性产业结构调整与转移的加速，东亚产业结构也在发生着剧烈的变化，由于亚洲“四小龙”国内货币的升值，使得劳动密集型产业成本提高，其产业竞争优势逐渐削弱，使得亚洲“四小龙”面临调整和转移其从美、日、欧承接过来的劳动密集型产业的需要。这时，我国抓住了这次产业转移的机遇，利用我国低廉的劳动力成本优势参与国际产业分工，1987 年年底，国务院提出了沿海地区经济发展的战略，并于 1988 年出台了鼓励外向型经济发展的一系列政策，也称“大进大出”、“两头在外”的政策，加快我国劳动密集型产业的发展。这一阶段加工贸易出口迅速增长，加工贸易进出口总额从 1988 年的 265.79 亿美元增加到 1995 年的 1320.77 亿美元，是 1988 年的 4.97 倍；加工贸易进出口总额在对外贸易进出口总额中的比重大幅提高，从 1988 年的 25.86% 上升至 1995 年的 47.03%，提高了 22 个百分点。在这一时期，国家为鼓励企业开展进料加工，先后颁布了《以进养出试行办法》、《关于加强综合管理促进对外加工装配业务发展的通知》、《中华人民共和国海关对进料加工进口货物管理办法》等一系列规定，进一步强化了对进料加工的鼓励和扶持，使得外商投资企业成为加工贸易尤其是进料加工贸易的主体。进料加工贸易发展迅速，并在加工贸易中占据主导地位，来料加工增速开始放缓。1989 年，进料加工进出口额达 192.5 亿美元，首次超过来料加工进出口额，在对外贸易进出口总额中的比重由 1987 年的 9.1% 上升到 1989 年的 17.2%，比来料加工 1989 年在对外贸易总额中的比重高出 2.1 个百分点，标志着我国加工贸易的发展到了一个新的高度，我国企业参与国际分工和国际竞争的能力到了一个新的水平。

第三阶段（1995—2003 年）：加强管理与发展并重阶段。

1995 年开始，加工贸易取代一般贸易成为我国的第一大贸易方式。这一时期国内经济体制转轨加快，市场秩序出现一定程度的混乱，加工贸易在迅速发展的同时也暗藏了一些管理上的问题，国家开始对加工贸易进行规范调整，1995 年 11 月底，国务院下发了 109 号文件，明确在保税政策基本不变的基础上，对加工贸易进口料件试行银行保证金台账“空转”制度。1999 年国务院下发了《关于进一步完善加工贸易银行保证金台账制度意见的通知》，规定在维持保税制度和保证金台账制度不变的同时，按企业分类和商品分类实行台账的“空转”或“实转”，并进一步明确了外经贸（商务）、海关等部门的职责分工，提高了各部门办事效率和透明度。随后各部门制定了相应的加工贸易管理办法，加工贸易走上了规范管理、持续健康发展的道路。加工贸易总额不断提高，约占我国同期进出口总值的 50%，其中加工贸易出口额占出口总值的 55% 左右，加工贸易产品结构进一步优化，机电和高新技术产品加工贸易出口分别占全国加工贸易出口总值的 70% 和 40% 左右。2001 年中国加入世界贸易组织，加工贸易发展出现了新的契机。加工贸易出口额进一步提高，加工贸易增长率稳步提升，2002 年、2003 年分别为 22%、34.4%，产品结构不断优化。

第四阶段（2004 年至今）：调整结构和转型升级阶段。

2003 年年底，党的十六届三中全会及中央经济工作会议上，胡锦涛总书记提出了“引导加工贸易向产业链高端发展，促进加工贸易转型升级”的要求。党的十七大更是明确指出把“促进加工贸易转型升级”作为“加快转变外贸增长方式”的目标和重要内容之一。商务部会同有关部门制定了一系列政策，着力优化加工贸易商品结构和地区布局。截止到 2008 年，我国商务部先后发布了 7 批加工贸易禁止类目录，一批加工贸易限制类目录，共计 1816 个十位数编码列入加工贸易禁止类目录，占海关编码总数的 15%，2247 个列入加工贸易限制类目录，占海关编码总数的 16%；2008 年以来，中国加工贸易出口遭遇困境，国家连续 5 次大规模上调纺织、机电等产品的出口退税率，力求保持出口增长。2009 年放宽了加工贸易禁止类目录，2011 年恢复 2009 年执行的加工贸易限制类目录。同时，实行地区差别政策，促进加工贸易向中西部转移。《关于支持中西部地区承接加工贸易梯度转移工作的意见》将南昌、赣州、郴州、武汉、新乡、焦作、合肥、芜湖、太原确定为第一批加工贸易梯度转移重点承接地；2008年5月将河南省洛阳市、郑州市；湖北省宜昌市、襄樊市；湖南省岳阳市、永州市、益阳市；江西省吉安市、上饶市；山西省侯马经济技术开发区；安徽省安庆市；内蒙古自治区包头市；黑龙江省哈尔滨市；广西壮族自治区南宁市、钦州市；海南省海口市；四川省成都市、绵阳市；重庆市；云南省昆明市；陕西省西安市；宁夏回族自治区银川市确定为第二批加工贸易梯度转移重点承接地；2011年11月又将辽宁省锦州市、吉林省延边朝鲜族自治州、安徽省马鞍山市、安徽省巢湖市、福建省龙岩市、江西省宜春市、湖北省荆门市、湖南省衡阳市、湖南省常德市、广西壮族自治区梧州市、广西壮族自治区北海市、四川省德阳市、新疆生产建设兵团石河子经济技术开发区确定为第三批加工贸易梯度转移重点承接地；2011年8月商务部、人力资源社会保障部、海关总署决定会同广东省人民政府发布《关于建设珠江三角洲地区全国加工贸易转型升级示范区的指导意见》共同建设珠江三角洲地区全国加工贸易转型升级示范区（以下简称示范区）。

3.2 我国加工贸易的发展现状

3.2.1 中国加工贸易额

改革开放以来，我国政府抓住国际产业结构调整的有利时机，积极调整政策，充分利用劳动力资源优势承接国家产业转移，大力发展加工贸易。1978年至今，加工贸易在我国从无到有，从小到大，不断发展。如图3-1所示，除2008年受国际金融危机的影响2009年加工贸易出现负增长外，从1981年到2011年的30年间，中国加工贸易额一直保持增长态势。如表3-1所示，1981年我国加工贸易额仅为26.35亿美元，其中加工贸易出口额为11.31亿美元，加工贸易进口额为15.04亿美元。1986年加工贸易额首次超过100亿美元，1988年加工贸易出口额首次超过100亿美元，达128.33亿美元，1994年加工贸易额首次突破1000亿美元，1995年加工贸易额首次超过一般贸易成为第一大贸易方式，之后持续发展到国际金融危机之前一直占据中国贸易的半壁江山（见图3-2）。2000年加工贸易额为2302.1亿美元，加工贸易出口额为1376.52亿美元，加工贸易进口额为925.58亿美元，加入世界贸易组织后，加工贸易以更快的速度发展，2001年到2007年，加工贸易额分别为2414.08、3021.27、4047.84、5496.65、6904.79、8318.27、9860.35亿美元，2008年加工贸易额首次突破10000亿美元达10534.91亿美元，其中加工贸易出口额为6751.14亿美元，加工贸易进口额为3783.77亿美元。2011年我国加工贸易额为13052.2亿美元，是1981年的495.34倍，加工贸易出口额为8354.2亿美元，是1981年的738.66倍，进口额为4698亿美元，是1981年的312.37倍。

从增长速度来看，如图3-3所示，30年来除个别年份，加工贸易增长率快于一般贸易增长率，加工贸易出口增长率快于加工贸易进口增长率。1984年到1989年，我国加工贸易高速增长，增长率分别高达52.98%，加工贸易出口增长率最高达58.8%，1990年到1999年，加工贸易稳定增长，增长维持在10%~39%。2001年中国加入世界贸易组织后，加工贸易再次高速增长，2002—2007年加工贸易增长率分为25.15%、33.98%、35.79%、25.62%、20.47%和18.54%，加工贸易出口增长率为22%、34.40%、35.60%、27.00%、22.50%、21.00%，加工贸易进口增长率分别为30%、33.30%、36.10%、23.60%、17.30%、14.60%。

表3-1　1981—2011年中国加工贸易与贸易总额

（单位：亿美元,%）

年份	加工贸易进出口			加工贸易出口			加工贸易进口		
	金额	比重	增长率	金额	比重	增长率	金额	比重	增长率
1981	26.35	5.98	—	11.31	5.14	—	15.04	6.83	—
1982	37.05	8.90	40.61	15.77	7.07	39.40	21.28	11.03	41.50
1983	44.02	10.09	18.81	20.01	9.00	26.90	24.01	11.22	12.80
1984	60.76	11.35	38.03	29.29	11.21	46.40	31.47	11.48	31.10
1985	75.9	10.91	24.92	33.16	12.12	13.20	42.74	10.12	35.80
1986	115.31	15.61	51.92	51.41	16.62	55.00	63.9	14.89	49.50
1987	176.4	21.34	52.98	81.38	20.63	58.30	95.02	21.99	48.70

续表

年份	加工贸易进出口			加工贸易出口			加工贸易进口		
	金额	比重	增长率	金额	比重	增长率	金额	比重	增长率
1988	265. 79	25. 86	50. 67	128. 33	27. 01	57. 70	137. 46	24. 87	44. 70
1989	344. 82	30. 88	29. 73	188. 04	35. 79	46. 50	156. 78	26. 51	14. 10
1990	441. 8	38. 27	28. 12	254. 2	40. 94	35. 20	187. 6	35. 16	19. 70
1991	574. 6	42. 34	30. 06	324. 3	45. 10	27. 60	250. 3	39. 24	33. 40
1992	711. 21	42. 97	23. 77	396. 07	46. 63	22. 10	315. 14	39. 10	25. 90
1993	805. 96	41. 18	13. 32	442. 36	48. 22	11. 70	363. 6	34. 97	15. 40
1994	1045. 5	44. 18	29. 72	569. 8	47. 09	28. 80	475. 7	41. 15	30. 80
1995	1320. 77	47. 03	26. 33	737. 18	49. 55	29. 40	583. 59	44. 18	22. 70
1996	1466. 02	50. 57	11. 00	843. 27	55. 83	14. 40	622. 75	44. 86	6. 70
1997	1698. 08	52. 22	15. 83	996. 02	54. 49	18. 10	702. 06	49. 31	12. 70
1998	1730. 53	53. 42	1. 91	1044. 54	56. 86	4. 90	685. 99	48. 92	-2. 30
1999	1844. 6	51. 15	6. 59	1108. 82	56. 88	6. 20	735. 78	44. 40	7. 30
2000	2302. 1	48. 54	24. 80	1376. 52	55. 24	24. 10	925. 58	41. 12	25. 80
2001	2414. 08	47. 37	4. 86	1474. 34	55. 41	7. 10	939. 74	38. 59	1. 50
2002	3021. 27	48. 67	25. 15	1799. 27	55. 26	22. 00	1222	41. 40	30. 00
2003	4047. 84	47. 57	33. 98	2418. 49	55. 19	34. 40	1629. 35	39. 47	33. 30
2004	5496. 65	47. 61	35. 79	3279. 7	55. 28	35. 60	2216. 95	39. 50	36. 10
2005	6904. 79	48. 56	25. 62	4164. 67	54. 66	27. 00	2740. 12	41. 52	23. 60
2006	8318. 27	47. 25	20. 47	5103. 55	52. 67	22. 50	3214. 72	40. 62	17. 30
2007	9860. 35	45. 36	18. 54	6175. 6	50. 71	21. 00	3684. 75	38. 55	14. 60
2008	10534. 91	41. 10	6. 84	6751. 14	47. 19	9. 30	3783. 77	33. 41	2. 70
2009	9091. 53	41. 18	-13. 70	5868. 62	48. 84	-13. 10	3222. 91	32. 04	-14. 80
2010	11576. 61	38. 93	27. 33	7402. 79	46. 92	26. 10	4173. 82	29. 89	29. 50
2011	13052. 2	35. 84	12. 75	8354. 2	44. 00	12. 80	4698	26. 95	12. 55

数据来源：《海关统计》。

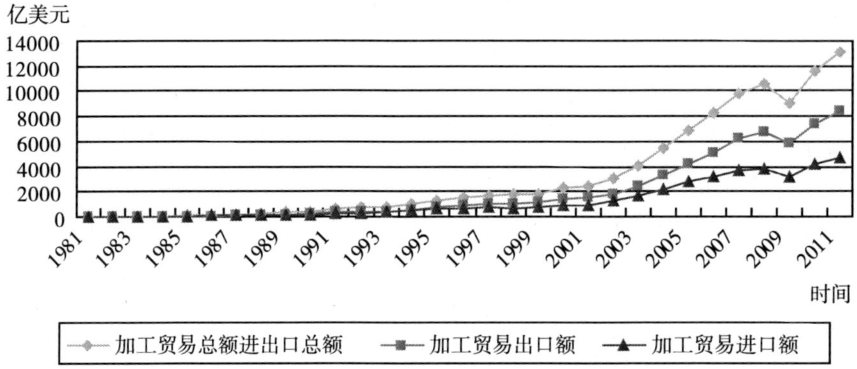

图 3-1　1981—2011 年中国加工贸易发展状况

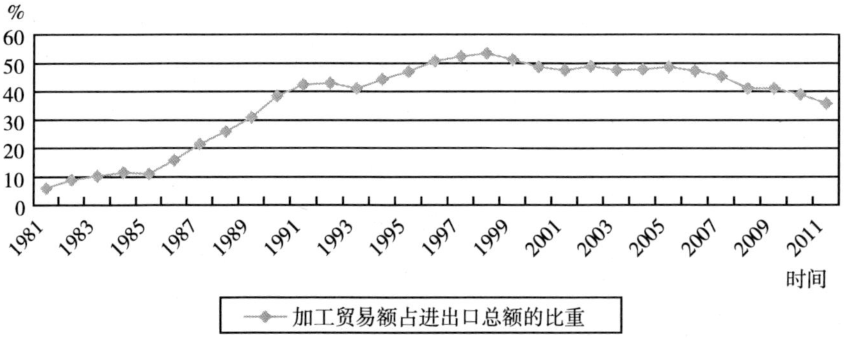

图 3-2　1981—2011 年加工贸易额占进出口总额的比重

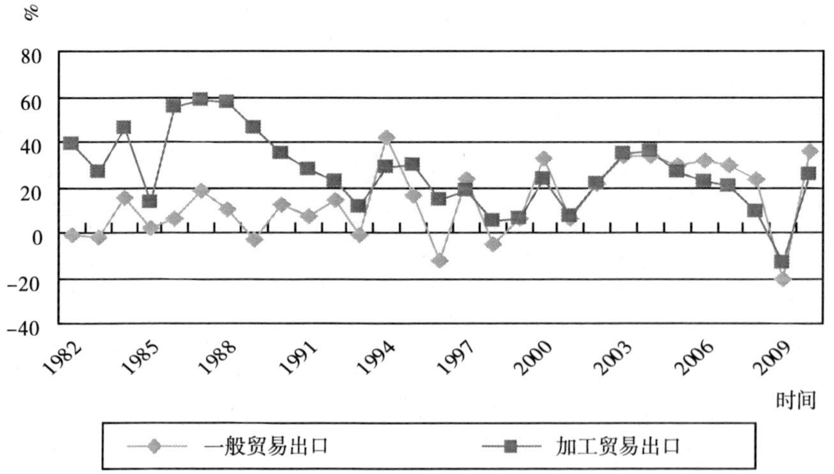

图 3-3　我国加工贸易与一般贸易增长速度

3.2.2 中国加工贸易来料加工与进料加工构成比例

由于企业规模有限，参与国际市场竞争的经验不足，我国加工贸易早期是以来料加工为主，1980 年来料加工贸易额为 13.3 亿美元，占加工贸易总额的 79.8%。到 1989 年我国进料加工贸易首次超过来料加工贸易，占加工贸易额的 53.1%。之后进料加工在加工贸易额中的比重逐年增高，到 2001 年来料加工贸易额为 422.28 亿美元，占加工贸易额的 71.36%，加入世界贸易组织后，来料加工贸易的比重进一步提高，一直维持在 70% 以上，2006 年开始超过 80%，2011 年来料加工贸易额为 2012.88 亿美元，占加工贸易额的 84.58%（见表 3-2）。

表 3-2　1995—2011 年我国加工贸易分类总额以及主要构成所占比重

（单位：亿美元）

年份	来料加工出口	进料加工出口	加工贸易出口总值	进料加工贸易比重
1995	206.6	530.57	737.18	71.97%
1996	242.38	600.88	843.26	71.26%
1997	294.63	701.94	996.57	70.43%
1998	307.37	737.16	1044.54	70.57%
1999	357.65	751.17	1108.82	67.74%
2000	411.2	965.29	1376.51	70.13%
2001	422.28	1052.05	1474.33	71.36%
2002	474.73	1324.53	1799.27	73.62%
2003	543.3	1875.2	2418.5	76.90%
2004	685.7	2594	3279.7	79.10%

续表

年份	来料加工出口	进料加工出口	加工贸易出口总值	进料加工贸易比重
2005	839.7	3325.1	4164.8	79.84%
2006	944.8	4158.9	5103.7	81.49%
2007	1157.33	5017.13	6174.46	81.26%
2008	1103.8	5649.01	6752.81	83.65%
2009	1694.16	7399.03	9093.19	81.37%
2010	2116.12	9461.51	11577.63	81.72%
2011	2012.88	11039.24	13052.12	84.58%

数据来源：根据商务部海关统计整理。

3.2.3 加工贸易商品结构分析

我国加工贸易最初是从劳动密集型工业制成品开始的，目前，劳动密集型产品仍是加工贸易出口的主要部分之一，但产品质量和档次大大提高，资本和技术密集型产品的比重大大提高。如表3-3、表3-4所示，1992年我国加工贸易出口额排前五位的是：第十一类 纺织原料及纺织制品；第十六类 机电、音像设备及其零件、附件；第十二类 鞋帽伞等、羽毛品、人造花、人发品；第二十类 杂项制品；第八类 革、毛皮及制品、箱包、肠线制品。所占的比重分别为27.9%、21.72%、10.46%、10.19%、5.19%。1995年机电、音像设备及其零件、附件出口额增加到208.14亿美元，在加工贸易出口额中所占的比例超过纺织原料及纺织制品，达28.24%，纺织原料及纺织制品出口额上升为153.9亿美元，但所占的比例下降为20.88%，2000年，机电、音像设备及其零件、附件出口额增加到594.92亿美元，在加工贸易出口额中所占的比例为43.22 %，纺织原料及纺织制品出口额继续上升为204.44亿美元，但所占的比例则下降为14.85%。2000年到2010年，我国加工贸易主要出口商品中第十六类机电、音像设备及其零件、附件；第十七类车辆、航空器、船舶及运输设备出口额持续上升，在加工贸易出口额中所占的比例不断提高。第十一类 纺织原料及纺织制品；第十二类 鞋帽伞等、羽毛品、人造花、人发品；第八类革、毛皮及制品、箱包、肠线制品；第十八类 光学、医疗等仪器、钟表、乐器 ；第二十类 杂项制品，这几类的加工贸易出口额不断上升，但所占的比例明显呈下降趋势。第六类 化学工业及其相关工业的产品 ；第七类 塑料及其制品、橡胶及其制品；第九类 木及制品、木炭、软木、编结品 ；第十类 木浆等、废纸、纸、纸板及其制品；这几类的加工贸易出口额在上升，在加工贸易出口额中所占的比例在下降，但变化的幅度不大。

2010 年，我国加工贸易商品出口排前五位的商品分别是：第十六类 机电、音像设备及其零件、附件 ；第十七类 车辆、航空器、船舶及运输设备；第十八类 光学、医疗等仪器、钟表、乐器 ；第十一类 纺织原料及纺织制品；第二十类 杂项制品 。其出口金额分别为 4753. 35 亿美元、551. 58 亿美元、380. 88 亿美元、361. 01 亿美元和 301. 71 亿美元。所占的比重分别为 64. 21% 、7. 45% 、5. 15% 、4. 88% 和 4. 08% 。从增长速度来看，第十四类 珠宝、贵金属及制品、仿首饰、硬币的增长速度和第十七类 车辆、航空器、船舶及运输设备的增长速度都非常快，第七类、第十八类的加工贸易出口增速放缓，在我国加工贸易出口的平均增长速度上下，而第六类、第十一类、第十五类以及第二十类等产品的出口增长速度都为负增长。

表 3-3　加工贸易项下进出口商品分章金额

（单位：亿美元）

海关代码 \ 时间	1992	1995	2000	2002	2004	2006	2008	2010
总额	711.21	1320.77	2302.1	1798.53	3282.52	5105.87	6752.82	7402.79
第一类 活动物；动物产品	*	*	*	12.63	17.66	26.93	32.47	37.43
第二类 植物产品	*	*	*	2.34	2.97	3.12	6.09	6.41
第三类 动、植物油、脂、蜡；精制食用油脂（千克）	*	*	*	0.54	0.39	1.11	1.39	0.81
第四类 食品；饮料、酒及醋；烟草及制品	*	*	*	19.09	27.89	35.01	36.70	33.89
第五类 矿产品	*	*	*	11.41	21.29	43.80	52.54	93.65
第六类 化学工业及其相关工业的产品	5.44	12.58	23.14	29.76	49.20	71.90	120.27	111.04
第七类 塑料及其制品；橡胶及其制品	14.41	29.82	56.63	66.80	105.01	175.59	245.82	263.97
第八类 革、毛皮及制品；箱包；肠线制品	20.55	34.58	45.16	45.34	54.99	59.11	53.22	51.98
第九类 木及制品；木炭；软木；编结品	1.64	3.09	6.23	8.07	11.65	17.60	17.16	17.1
第十类 木浆等；废纸；纸、纸板及其制品（千克）	2.52	5.68	12.06	14.58	24.38	40.59	54.25	59.81
第十一类 纺织原料及纺织制品	110.53	153.9	204.44	202.06	258.81	325.15	380.57	361.01

续表

海关代码＼时间	1992	1995	2000	2002	2004	2006	2008	2010
总额	711. 21	1320. 77	2302. 1	1798. 53	3282. 52	5105. 87	6752. 82	7402. 79
第十二类 鞋帽伞等；羽毛品；人造花；人发品	41. 43	59. 56	71. 12	70. 95	83. 37	99. 98	118. 64	123. 54
第十三类 矿物材料制品；陶瓷品；玻璃及制品	*	*	*	10. 84	17. 34	25. 44	29. 49	24. 81
第十四类 珠宝、贵金属及制品；仿首饰；硬币（千克）	*	*	*	22. 41	32. 42	43. 35	50. 97	93. 09
第十五类 贱金属及其制品	*	*	*	67. 58	120. 85	161. 24	166. 87	159. 99
第十六类 机电、音像设备及其零件、附件	86. 04	208. 14	594. 92	938. 64	2001. 08	3234. 71	4345. 66	4753. 35
第十七类 车辆、航空器、船舶及运输设备	13. 5	27. 47	60. 95	64. 17	122. 09	198. 86	360. 87	551. 58
第十八类 光学、医疗等仪器；钟表；乐器	19. 97	38. 55	69. 33	71. 11	146. 20	271. 83	334. 31	380. 88
第二十类 杂项制品	40. 34	62. 28	108. 77	137. 83	182. 58	264. 08	344. 28	301. 71
第二十一类 艺术品、收藏品及古物	*	*	*	0. 04	0. 02	0. 02	0. 01	0. 01
第二十二类 特殊交易品及未分类商品	*	*	*	2. 35	2. 36	6. 47	1. 24	0. 53

数据来源：根据《中国贸易外经统计年鉴》计算。

表 3-4　我国加工贸易主要出口产品的结构变化

（单位：%）

海关代码 / 年份	1992	1995	2000	2002	2004	2006	2008	2010
第六类 化学工业及其相关工业的产品	1. 37	1. 71	1. 68	1. 65	1. 50	1. 41	1. 78	1. 50
第七类 塑料及其制品；橡胶及其制品	3. 64	4. 05	4. 12	3. 71	3. 20	3. 44	3. 64	3. 57
第八类 革、毛皮及制品；箱包；肠线制品	5. 19	4. 7	3. 28	2. 52	1. 68	1. 16	0. 79	0. 70
第九类 木及制品；木炭；软木；编结品	0. 41	0. 42	0. 46	0. 45	0. 36	0. 34	0. 25	0. 23
第十类 木浆等；废纸；纸、纸板及其制品	0. 64	0. 78	0. 88	0. 81	0. 74	0. 79	0. 80	0. 81
第十一类 纺织原料及纺织制品	27. 9	20. 88	14. 85	11. 23	7. 88	6. 37	5. 64	4. 88
第十二类 鞋帽伞等；羽毛品；人造花；人发品	10. 46	8. 08	5. 17	3. 94	2. 54	1. 96	1. 76	1. 67
第十六类 机电、音像设备及其零件、附件	21. 72	28. 24	43. 22	52. 19	60. 96	63. 35	64. 35	64. 21
第十七类 车辆、航空器、船舶及运输设备	3. 41	3. 73	4. 43	3. 57	3. 72	3. 89	5. 34	7. 45
第十八类 光学、医疗等仪器；钟表；乐器	5. 04	5. 23	5. 04	3. 95	4. 45	5. 32	4. 95	5. 15
第二十类 杂项制品	10. 19	8. 45	7. 9	7. 66	5. 56	5. 17	5. 10	4. 08

数据来源：根据《中国贸易外经统计年鉴》计算。

3.2.4 中国加工贸易的主体分析

加工贸易始于东南沿海地区的对外加工装配活动，早期主要是以国内企业为主。虽然很多从事来料加工的国内企业实质上是由外商投资机器设备并进行生产管理的，但这些企业都挂靠在拥有外贸权的外贸公司下，由外贸公司负责其进出口手续，因此外商投资企业在加工贸易中的比重一直不高，到1990 年才达到 28.8% 。但随着 20 世纪 90 年代以来外商来华投资的高潮，外资企业在加工贸易中的比重节节攀升。1994 年超过一半，达 56.1%，1996 年外资企业占整个加工贸易的比重为64.5 % ，贸易额为945.7 亿美元，到2006年上升为 84.9 % ，贸易额上升为 7062.2 亿美元，10 年间所占比重提高了20.4 %。同期，国有企业虽然保持了绝对额增长，但所占比重从 1996 年的34.1%下降为 2006 年的 10.1%，下降了 24%。2006 年以后外资企业加工贸易进出口额比重维持在 84%左右（见表 3-5)。

从事加工贸易的外商投资企业内部结构也发生了较明显的变化。20 世纪80 年代，来华投资的主要是港商，之后我国澳门、新加坡等地的外商开始在华投资。90 年代中后期，在华投资的北美和欧洲商人进一步增加。

外商投资企业采取外商独资、中外合资、中外合作的形式从事加工贸易。进料加工和来料加工的两种形式中，企业形式的相对比例也是有差异的，如图 3-4和图 3-5 所示，2011 年，外商独资、中外合资、中外合作企业从事的进料加工贸易额分别是 7567.01 亿美元、1939.03 亿美元、824.9 亿美元，在进料加工贸易总额中的所占比重分别为 68%，18%，1%；外商独资、中外合资、中外合作企业从事的来料加工贸易额分别为 939.60 亿美元、253.50 亿美元、61.13 亿美元，在来料加工贸易总额中所占比重分别为 46%，13%，3%。

表 3-5　各类企业在加工贸易进出口总值中所占的比例

（单位：亿美元,%）

年份	合计	外商投资企业		国有企业		其他企业	
		金额	比重	金额	比重	金额	比重
1995	1320.7	791.2	59.9	512.9	38.8	16.6	1.3

续表

年份	合计	外商投资企业		国有企业		其他企业	
		金额	比重	金额	比重	金额	比重
1996	1466. 0	945. 7	64. 5	499. 5	34. 1	20. 8	1. 4
1997	1698. 1	1114. 9	65. 7	556. 0	32. 7	27. 1	1. 6
1998	1730. 4	1174. 4	67. 9	526. 1	30. 4	29. 9	1. 7
1999	1844. 6	1272. 1	69. 0	537. 1	29. 1	35. 4	1. 9
2000	2302. 2	1657. 8	72. 0	590. 7	25. 7	53. 7	2. 3
2001	2414. 3	1769. 0	73. 3	570. 9	23. 6	74. 4	3. 1
2002	3021. 7	2287. 6	75. 7	634. 0	21. 0	100. 1	3. 3
2003	4047. 8	3220. 3	79. 6	631. 2	15. 6	196. 3	4. 8
2004	5497. 4	4500. 2	81. 9	712. 5	13. 0	284. 8	5. 2
2005	6905. 1	5778. 7	83. 7	760. 3	11. 6	366. 1	5. 3
2006	8318. 3	7062. 2	84. 9	840. 1	10. 1	415. 9	5. 0
2008	10535. 9	8906. 0	84. 5	969. 0	9. 2	660. 9	6. 3
2009	9093. 2	7645. 0	84. 1	838. 9	9. 2	609. 3	6. 7
2010	11577. 6	9709. 4	83. 9	992. 8	8. 8	875. 4	7. 6
2011	13052. 1	10842. 0	83. 1	986. 0	7. 6	1223. 3	9. 4

数据来源：根据《国研网》相关数据整理。

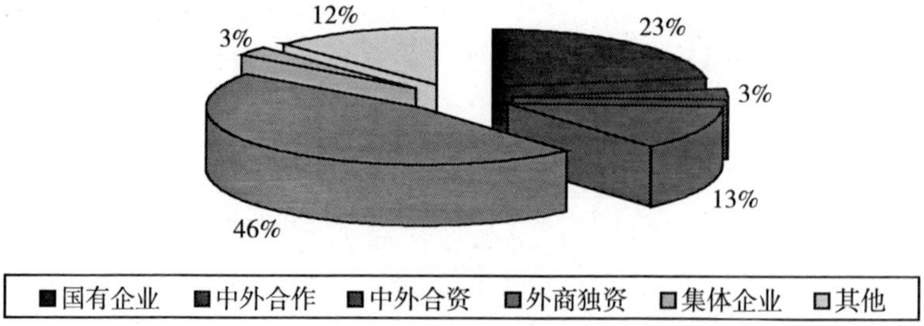

图 3-4　2011 年各类企业在来料加工贸易中所占的比重

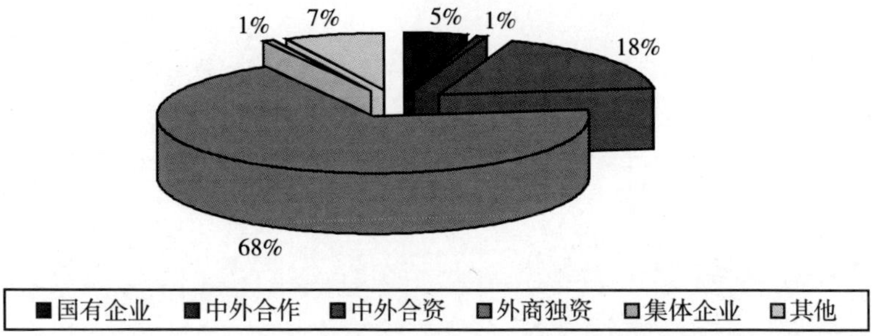

图 3-5　2011 年各类企业在进料加工贸易中所占的比重

3.2.5 加工贸易的地区分布

如表 3-6、表 3-7 所示，我国加工贸易主要集中在亚洲、欧洲和北美洲，2008 年这三大洲合计占到了 95%以上，其中亚洲占 60.49%，欧洲和北美洲分别占 17.28%和 17.22%。加工贸易出口主要集中在亚洲、欧洲和北美洲，2008 年这三大洲加工贸易出口额所占的比重分别为 47.49%、22.95%、23.57%。在这三大洲中主要的出口市场是欧盟、日本、美国，其出口额分别为：2685.1 亿美元、623.2 亿美元、1498.8 亿美元，所占的比重分别是：39.76%、9.23%、22.20%。加工贸易进口来源地主要是亚洲，2008 年亚洲进口额所占比重为 83.69%。亚洲中主要是日本、韩国以及我国台湾地区，2008 年从日本进口的加工贸易额为 611.78 亿美元，占加工贸易进口总额的 16.18%。

表 3-6　2008 年中国加工贸易主要进出口市场分布情况

（单位：百万美元，%）

	总额	百分比	出口	百分比	进口	百分比
亚　洲	637174.36	60.49	320682.71	47.49	316491.65	83.69
非　洲	12192.96	1.16	7818.58	1.16	4374.38	1.16
欧　洲	182073.32	17.28	155002.14	22.95	27071.18	7.16
拉丁美洲	28353.17	2.69	22518.58	3.33	5834.59	1.54
北美洲	181426.75	17.22	159132.95	23.57	22293.80	5.90
大洋洲	12179.80	1.16	10126.68	1.50	2053.12	0.54
总值	1053400.36	100.00	675281.64	100.00	378118.72	100.00

数据来源：根据《国研网》数据计算。

表 3-7　2008 年中国加工贸易主要进出口国家分布情况

（单位：百万美元，%）

国家（地区）	进出口总数	比重	出口	比重	进口	比重
欧盟	318017.84	30.19	268513.57	39.76	49504.27	13.09
日本	123504.46	11.72	62326.42	9.23	61178.04	16.18
美国	169568.58	16.10	149880.20	22.20	19688.37	5.21
总值	1053439.95	100.00	675281.65	100.00	378158.30	100.00

数据来源：根据《国研网》数据计算。

3.2.6 加工贸易的国内区域分布

我国加工贸易主要集中在东部地区，广东省一直是加工贸易出口额最多的省份，2008 年广东省加工贸易出口额为 2651.44 亿美元，2010 年为 2755.75 亿美元。所占的比重分别是 39.27% 和 37.23%。其他东部省份加工贸易发展也较好（见表 3-8）。除广东外，江苏、上海、山东、浙江、福建、天津、辽宁和北京的加工贸易发展都较好，2008 年前 8 个省市的加工贸易出口额占全国的 94.5%，2010 年占 92.5%。而加工贸易出口总额后 10 名，从后到前依次是西藏、青海、宁夏、贵州、海南、甘肃、内蒙古、吉林、重庆、云南，其中中西部就占有 9 席，而东部仅占 1 席。2010 年以来，东部省份加工贸易所占的比重有所下降，中部地区省份加工贸易所占的比重有所上升。

表 3-8　2008 年、2010 年加工贸易出口在各省的分布情况

单位：（亿美元，%）

地　区	2010 年		2008 年	
	金额	比重	金额	比重
广东	2651.44	39.27	2755.75	37.23
江苏	1455.41	21.56	1598.07	21.59
上海	912.27	13.51	1003.74	13.56
山东	429.65	6.36	498.1	6.73
浙江	313.79	4.65	330.11	4.46
北京	133.03	1.97	233.24	3.15

续表

地　区	2010 年		2008 年	
	金额	比重	金额	比重
福建	222.45	3.30	225.22	3.04
天津	219.62	3.25	207.91	2.81
辽宁	180.06	2.67	206.15	2.78
四川	35.12	0.52	59.01	0.80
湖北	23.28	0.34	55.12	0.74
河北	35.15	0.52	40.97	0.55
江西	23.48	0.35	34.14	0.46
安徽	25.80	0.38	27.47	0.37
陕西	10.29	0.15	22.21	0.30
河南	15.34	0.23	20.10	0.27
山西	18.25	0.27	12.56	0.17
广西	7.19	0.11	12.12	0.16
湖南	8.79	0.13	11.64	0.16
吉林	6.90	0.10	11.45	0.15
海南	4.95	0.07	8.58	0.12
黑龙江	5.67	0.08	5.20	0.07
新疆	3.63	0.05	3.47	0.05
甘肃	2.36	0.04	2.73	0.04
云南	3.31	0.05	2.60	0.04
宁夏	0.29	0.00	0.11	0.00
贵州	1.77	0.03	—	—
内蒙古	3.50	0.05	—	—
青海	0.01	0.00	—	—
合计	6752.81	100	7402.79	100

数据来源：根据《国研网》数据计算。

3.3 我国加工贸易发展的经济效应分析

在 30 多年的发展中，加工贸易不仅吸引了大量的外商直接投资，极大地促进了我国对外贸易的发展，增加了就业、提高外汇储备，对促进经济增长作出了巨大贡献。

3.3.1 加工贸易拉动中国经济增长

加工贸易对经济增长的拉动作用可以通过开放经济条件下的简单凯恩斯模型测算（林毅夫，李永军，2001），该模型建立在国民收入恒等式的基础上，形式为：$Y = C + I + G + (X - M)$，根据此公式可以得到恒等式：

$$\Delta Y = \Delta C + \Delta I + \Delta G + (\Delta X - \Delta M) = \Delta C + \Delta I + \Delta G + \Delta NE$$

其中，Y、C、I、G、X 和 M 分别表示国内生产总值、消费需求、投资需求、政府购支出、出口和进口，$NE = X - M$ 表示净出口　Δ 表示增加值。由于净出口由加工贸易所形成的净出口、一般贸易和其他贸易方式形成的净出口，上式又可以表示为：

$$\Delta Y = \Delta C + \Delta I + \Delta G + \Delta NE = \Delta C + \Delta I + \Delta G + \Delta NE_1 + \Delta NE_2$$

其中，ΔNE_1、ΔNE_2 分别表示一般贸易和其他贸易方式形成的净出口、加工贸易净出口。

上式两边都除以 Y，变形得：

$$\frac{\Delta Y}{Y} = \frac{\Delta C}{C} \cdot \frac{C}{Y} + \frac{\Delta I}{I} \cdot \frac{I}{Y} + \frac{\Delta G}{G} \cdot \frac{G}{Y} + \frac{\Delta NE_1}{NE_1} \cdot \frac{NE_1}{Y} + \frac{\Delta NE_2}{NE_2} \cdot \frac{NE_2}{Y}$$

根据上式，加工贸易净出口对 GDP 增长率的贡献度为 $\frac{\Delta NE_1}{NE_1} \cdot \frac{NE_1}{Y}$，即加工贸易净出口增长率乘上一期加工贸易净出口在 GDP 中所占的比重。而加工贸易净出口对 GDP 增长的贡献度为 $\frac{\Delta NE_1}{\Delta Y}$，即加工贸易净出口增量在 GDP 增量中所占的比重。

用上述公式可以计算加工贸易对我国经济增长的贡献。本文选择 1981 年到 2010 年以美元计算的加工贸易和支出法计算的人民币计价的国内生产总值。由于这两个指标均以当年的价格衡量，为此本文《中国贸易外经统计年鉴》进口商品价格指数和出口商品价格指数以 1980 年为基期进行平减，然后按照《中国统计年鉴》的外汇中间价换算成亿美元表示的加工贸易净出口净额。GDP 则以 1980 年为基期用 GDP 平减指数平减。各省份数据则以 2000 年基期计算整理。然后用上述公式进行计算结果（见表 3-9、表 3-10）。

表 3–9　加工贸易对我国经济增长的贡献

（单位：%）

年份	贡献率	贡献度	年份	贡献率	贡献度
1981	—	–0.16	1996	9.24	0.63
1982	103.52	–0.38	1997	–41.64	0.00
1983	11.15	–0.26	1998	–31.22	0.28
1984	2.55	–0.13	1999	–39.25	0.79
1985	2.24	0.09	2000	9.75	0.97
1986	–1.58	0.02	2001	14.42	1.24
1987	–8.76	–0.41	2002	–52.58	0.92
1988	2.98	–0.05	2003	7.66	1.09
1989	8.31	0.61	2004	0.08	1.02
1990	–6.23	0.24	2005	–6.59	0.74
1991	–0.24	0.20	2006	–2.64	0.61
1992	2.58	0.39	2007	–0.05	0.57
1993	4.88	0.98	2008	1.13	0.61
1994	–3.53	0.21	2009	–28.63	0.78
1995	–0.85	0.08	2010	0.29	0.75

数据来源：根据《中国统计年鉴》、《中国贸易外经统计年鉴》数据计算。

从表 3–9 可以看出，1988 年以前（包括 1988 年），我国加工贸易对国内生产总值的贡献度大多为负值，加工贸易的净出口对国内经济增长起反作用。这主要是因为加工贸易发展初期主要进行的是来料加工，仅获取廉价的制造费用，并且需要从国外大量进口原材料和机械设备，主要出口的低附加值的劳动密集产品和资源型产品，增值率不高没有对经济产生拉动作用。20 世纪 80 年代后期 90 年代初期，加工贸易出口产品的技术含量提高，加工贸易对经济增长的拉动作用提高，1989 年加工贸易对 GDP 的贡献度由负转为正，而且之后到 2010 年除 1998 年、2009 年受东南亚金融危机、国际金融危机影响外，1996 年以来的其他年份的贡献度要高于 90 年代初期，且 2001 年加入世界贸易组织前后的贡献度均较高，2000—2004 年分别为 0. 97%、1. 24%、0. 92%、1. 09%、1. 02%，最近几年加工贸易对经济增长的贡献度在下降，2010 年为 0. 75%。受到国际金融危机以及欧洲债务危机的影响，中国主要出口市场经济增长乏力，国际需求锐减，再加上受到人民币升值的压力，加工贸易出口企业出口形势不乐观。

但是，加工贸易对经济增长的贡献度在地区之间差异明显。如表 3-10 所示，2001 年广东加工贸易对 GDP 增长的贡献度为 89. 86%，加工贸易发展较好的地区江苏、上海、福建、辽宁、山东、天津分别为 22. 50%、40. 89%、22. 06%、17. 10%、13. 36%、46. 82%。而中部地区安徽、河南、黑龙江、湖北、湖南、吉林、江西、山西则分别为 1. 74%、0. 91%、0. 72%、1. 51%、0. 59%、1. 80%、0. 70%。从 2001 年到 2010 年，各省加工贸易对经济增长的贡献度在下降，但是东部仍然比中西部高，2010 年广东加工贸易对 GDP 增长的贡献度为 10. 87%，加工贸易发展较好的地区江苏、上海、福建、辽宁、山东、天津分别为 7. 41%、11. 38%、2. 80%、2. 20%、2. 34%、4. 41%。而中部地区安徽、河南、黑龙江、湖北、湖南、吉林、江西、山西则分别为 0. 41 %、0. 17 %、0. 08%、0. 61%、0. 14 %、0. 23%、0. 64%、0. 26%。可以看出东部地区加工贸易对经济增长的贡献要高于中西部地区，东西部地区经济总量增长上的差距一定程度上是由于加工贸易发展程度不同。

表 3-10　加工贸易对各省经济增长贡献度

（单位：%）

年份 / 地区	2001	2005	2010	年份 / 地区	2001	2005	2010
安徽	1. 74	0. 94	0. 41	江西	0. 70	0. 58	0. 64
北京	11. 88	5. 73	3. 20	辽宁	17. 10	7. 50	2. 20
福建	22. 06	11. 38	2. 80	内蒙古	1. 00	0. 67	—
甘肃	1. 20	0. 94	—	宁夏	2. 34	0. 25	0. 01
广东	89. 86	40. 97	10. 87	青海	1. 76	1. 08	—
广西	1. 16	0. 58	0. 22	山东	13. 36	6. 17	2. 34

续表

年份 地区	2001	2005	2010	年份 地区	2001	2005	2010
贵州	0.89	1.00	—	山西	0.36	0.63	0.26
海南	2.18	0.80	1.18	陕西	1.16	0.63	0.52
河北	1.34	0.73	0.35	上海	40.89	27.28	11.38
河南	0.91	0.84	0.17	四川	1.74	1.31	2.02
黑龙江	0.72	0.25	0.08	天津	46.82	22.92	4.41
湖北	1.51	0.65	0.61	西藏	0.00	0.00	0.00
湖南	0.59	0.29	0.14	新疆	0.83	0.45	—
吉林	1.80	0.68	0.23	云南	0.84	0.60	0.08
江苏	22.50	25.48	7.41	浙江	8.82	5.61	2.12

数据来源：《国研网》、《中国统计年鉴》计算整理。

3.3.2 加工贸易的技术溢出效应分析

3.3.2.1 加工贸易技术溢出效应的理论分析

加工贸易促进了企业技术进步和管理方式的变革，主要通过以下三种途径实现。

（1）加工贸易方式下 FDI 的技术溢出机制

20 世纪 90 年代，中国给予优惠政策吸引外商直接投资，外商直接投资进入中国很大一部分从事加工贸易，外商投资企业成为加工贸易的主体，而外商直接投资对东道国具有技术溢出效应，因此外商直接投资构成加工贸易技术溢出的重要途径。其溢出效应通过以下几种途径实现。

第一，竞争效应。

外商直接投资进入东道国市场之后，打破了原有的市场均衡，加剧了当地市场竞争，迫使本国企业被动加大研究投入，加速生产技术、生产设备的更新升级。主要通过扩大生产规模，改进组织和管理效率，在产品、工艺方面从模仿创新开始逐渐过渡到自主创新来实现技术进步。

第二，示范效应。

国内企业通过对外资企业的新技术、新产品、生产流程、管理经验的模仿和学习提高自身技术水平，具体表现在：外国企业的员工流入东道国企业；购买技术许可或进行“反向工程”；通过获得并研究其他企业产品来掌握该产品的生产技术，参加学术和技术会议，阅读科研杂志和专利文献，与创新企业结成战略联盟。

第三，人员培训效应。

人才在外资企业和内资企业之间的流动，是外资企业技术外溢的重要途径。由于跨国公司具有的竞争优势无法摆脱其人力资源而完全物化在设备和技术上，因此跨国公司海外项目要有效运转必须在当地进行人才开发。人员本地化必须对当地雇用的员工进行各方面的培训。人员在外资企业经过培训，或边干边学，积累了知识，改变了传统的生产、管理、营销观念。然而跨国公司不一定能把这些员工留在本公司。跨国公司的员工，特别是接受过培训的高级技术人员的管理者离开公司会进入当地企业或自己组建企业，通过熟练劳动力在非熟练劳动力身边工作是能够提升劳动生产率或者通过流动的员工带着他们从跨国公司学到新的技术和新的管理方法，最终成为技术转移的直接载体，成为当地技术创新重要力量的方式提升劳动生产率。

第四，产业关联效应。

外商投资企业通过与国内企业上、下游产业发生产业关联效应而带动东道国企业的技术进步。外商投资企业的产业关联效应又分为前向关联和后向关联。前向关联主要是由东道国当地厂商为跨国公司提供产品市场营销服务，半成品、零部件或原材料的再加工等服务。跨国公司的子公司通常会对下游的当地经销商提供产品培训以及使用等方面的技术指导，以做好产品的售后服务。后向联系是指东道国当地厂商为跨国公司子公司提供生产所需的原材料、零部件和各种服务。一方面，跨国公司对其上游供应商在零部件的质量、可靠性和交货期上都有较高的标准和严格的要求，迫使当地供应商改善生产工艺、提高产品质量；另一方面，跨国公司子公司为保证产品质量和竞争优势，经常会为当地供应商提供技术援助、信息咨询、人员培训等服务，帮助供应商改善经营管理，提高技术水平。

（2）加工贸易进口的技术溢出机制

已有的理论研究表明进口是国际技术溢出的重要渠道之一。Coe 和 Helpman（1995）通过对发达国家和欠发达国家的研究得出国外研发支出能够促进进口贸易对国内全要素生产率产生正面影响的结论。Blyde（2004）的研究表明，发展中国家通过进口一些含有国外先进技术的商品，经过学习和模仿来生产这种商品并将其出口到其他国家，发展中国家也会获得技术溢出。加工贸易也有类似的技术溢出作用，结合我国加工贸易发展的实际情况，加工贸易进口技术溢出机制可以总结为以下三点。

第一，中间产品和资本品的进口能够提高最终产品的生产效率。

随着技术的发展和各国（地区）间贸易和便利化程度的提高，中国通过加工贸易参与产品内分工，在全球生产网络中处于中下游环节承担零部件的加工和组装任务。中国从技术先进国家进口机器设备、零部件、中间品和最终品等有形商品，可以接触到物化到产品中的先进技术，这有利于中国节约研发费用，也为中国提供了干中学的机会，通过中间产品和资本品进口的扩大提升国内生产率。

第二，专业化生产的中间产品的进口会刺激对这些产品的学习。

加工贸易企业从发达国家进口关键零部件与机器设备进行组装生产的过程中有机会学习国外先进技术，在消化、吸收的基础上创新，研究开发出具有竞争性的相似产品，从而促进本国的技术进步，增加最终产品的产出，获取国际技术溢出效应。

第三，来自进口中间品的竞争压力刺激国内加工贸易企业主动进行技术创新。

一般来说，进口中间品比国内配套企业生产的中间品在技术上有优势，国际加工贸易出口配套企业不得不面临竞争压力，为此只有加强研发力度，提高研发效率，提高自有产品的国际竞争力，才有可能与国外企业相抗衡。因此，加快技术创新是其面临激烈竞争的重要选择。

（3）加工贸易出口的技术溢出机制

技术的发展和贸易壁垒的降低导致生产环节分散化，但是跨国公司的全球化经营实现管理的集聚，以跨国公司为首的全球生产网络成为越来越重要的生产组织方式。作为全球生产网络中的一环，加工贸易出口的产品通过全球经营网络进入国际市场，因此，加工贸易出口是国际技术溢出的重要渠道之一，其技术溢出可通过以下三种机制发挥作用。

第一，国外消费者的市场反馈迫使国内企业提高技术水平。

由于加工贸易生产的产品主要面向国际市场，国外消费者会对产品的性能进行反馈，国内企业可以根据国外消费者的反馈信息优化产品设计，改善工艺流程、提升产品功能。

第二，跨国公司制定的国际采购标准迫使国内配套企业提高技术水平。

国外客户会制定比国内客户更高的质量标准，因此跨国公司会对国内加工贸易企业制定比较高的国际采购标准，这使得国内加工贸易企业面临比较高的压力，从而迫使其不断创新提升技术水平。

第三，大规模出口为国内厂商技术创新提供了可能。

加工贸易的大量出口扩大了市场容量，迫使国内企业扩大生产规模，国内企业通过大规模生产既可以获得规模经济带来的生产成本降低的利益，还可以积累生产经验，为技术创新提供可能。

3.3.2.2 加工贸易技术溢出效应的实证分析

(1) 加工贸易增值率与全要素生产率的计算

加工贸易增值率（Prate）：是加工贸易净出口额除以加工贸易进口额。以当年价格计算的中国加工贸易出口额、进口额数据来源于2011年《中国贸易外经统计年鉴》。

实际计算中使用进出口额指数进行平减得到实际值后求得加工贸易增值率，其计算结果如表4-3所示。

全要素生产率（TFP）：采用索洛残值法计算我国的全要素生产率。通过建立Cobb-Douglas生产函数，索洛残值法可以衡量除资本、劳动力要素之外的其他要素对经济增长的影响。假定中国经济的生产函数为：

$$Y_t = A_t K_t^{\alpha} L_t^{\beta}$$

其中α和β分别代表资本和劳动的产出弹性，K_t为资本存量，L_t为劳动投入，A_t为全要素生产率。

通常假定规模报酬不变，即假定$\alpha + \beta = 1$，则可以求得全要素生产率为：

$$TFP_t = \frac{Y_t}{K_t^{\alpha} L_t^{\beta}}$$

从上式可以看出计算全要素生产率需要用到产出、劳动投入和资本存量数据。产出用国内生产总值反映，并按 1982 年不变价格进行换算，数据来源于《中国统计年鉴》(1982—2012)；劳动投入采用历年劳动者投入人数计算，数据来源于《中国统计年鉴》(1982—2012)。资本存量的数据，目前没有直接的统计数据，只能通过相关数据间接计算，相关的研究还未形成统一的标准，本文直接引用郭庆望和章元（2003）的数据，计算中使用的资本和劳动弹性采用世界银行（1995）对中国的计算结果，即 $\alpha = 0.6$，$\beta = 0.4$。

（2）变量间关系的协整检验和因果关系检验

在对变量进行协整检验之前需要先对变量的稳定性进行检验，本文采用 ADF（The Augmented Dickey Fuller Test）方法检验各时间序列变量的稳定性，检验结果如表 3-11 所示。

由表 3-11 可知，变量 Prate 、TFP 的水平序列都是非平稳的，而他们的一阶差分序列都是平稳的，因此这两个序列满足进行协整检验的前提条件。

然后进行实证分析，其结果如表 3-12 所示，在 5% 临界值下，Prate 与 TFP 之间存在唯一的协整关系，即存在长期的均衡关系。估计出的协整关系所对应的长期方程为：

$$TFP = 0.412 + 2.153 Prate$$
$$(0.018)$$

协整方程表明，从长期来看，加工贸易增值率对我国全要素劳动生产率产生积极的影响，即加工贸易增值率每增加 2.153%，我国的全要素生产率将增加 1%。

变量的因果关系检验结果如表 3-13 所示，表明在 1% 的显著性水平上，我国加工贸易增值率变化是我国全要素生产率变化的格兰杰原因，而我国全要素劳动生产率的变化不是我国加工贸易增值率变化的原因，也就是说我国的加工贸易存在技术溢出效应。

表 3-11 ADF 单位根检验结果

变量	检验形式	ADF 检验统计量	5% 临界值	结论
Prate	(c, t, 1)	-2.161	-3.6591	不平稳
TFP	(c, t, 1)	-2.964	-3.6591	不平稳
ΔPrate	(c, 0, 1)	-3.235	-3.0294	平稳
ΔTFP	(c, 0, 1)	-3.383	-3.0294	平稳

注：检验形式（c，t，k）分别表示单位根检验方程带有常数项、趋势项和滞后项阶数，Δ 表示差分算子，k 的取值取决于 AIC 和 SC 准则。

表 3-12 Johansen 协整检验结果

变量	特征值	似然比统计量	5% 临界值	1% 临界值	结论
Prate、TFP	0.537	17.117	15.41	20.04	协整关系
	0.122	2.474	3.76	6.65	

注：由 AIC 和 SC 准则可确定 Johansen 协整检验模型最后滞后阶数为 2。

表 3-13 Granger 因果关系检验结果

变量	原假设	F 统计量	Prob	结论
Prate、TFP	TFP 不格兰杰导致 Prate	1.678	0.219	不拒绝
	Prate 不格兰杰导致 TFP	9.182	0.002	拒绝

注：判断标准，确定 5% 的显著性水平，则如果 Prob 大于 5% 就接受原假设。

3.3.3 加工贸易的就业促进效应

3.3.3.1 模型设定与计量方法选择

借鉴 Hine 和 Wright（1998）的思想。基于内生技术的生产函数，通过对传统 Cobb-Douglas 生产函数形式进行变换构建实证模型。传统的 Cobb-Douglas 生产函数可以写成：$Y = AK^{\alpha}L^{\beta}$ ，其中 Y、K、L 分别代表产出、资本存量和劳动，A 为技术水平。Hine 和 Wright（1998）认为对于发展中国家来说，可将贸易看做生产函数中的“转换系数”，即认为贸易会引起 A 的变化，参数

A 可以写成：$A = e^{\delta_0 T}X^{\delta_1}M^{\delta_2}$，代入上式有：

$$Y = e^{\delta_0 T}X^{\delta_1}M^{\delta_2}K^{\alpha}L^{\beta}$$

两边取对数得：$\mathrm{Ln}L = \lambda_0 T + \lambda_1 \mathrm{Ln}X + \lambda_2 \mathrm{Ln}M + \lambda_3 \mathrm{Ln}K + \lambda_4 \mathrm{Ln}Y$

其中 $\lambda_0 = \frac{\delta_0}{\beta}$，$\lambda_1 = \frac{\delta_1}{\beta}$，$\lambda_2 = \frac{\delta_2}{\beta}$，$\lambda_0 = \frac{\delta_3}{\beta}$，

$$\mathrm{Ln}L_{it} = \lambda_0 T + \lambda_1 \mathrm{Ln}X_{it} + \lambda_2 \mathrm{Ln}M_{it} + \lambda_3 \mathrm{Ln}K_{it} + \lambda_4 \mathrm{Ln}Y_{it}$$

考虑到当前就业可能会受到前期的影响，将模型设定为动态面板数据模型，引入滞后项，考虑到中国加工贸易发展不平衡的事实，在模型中增加虚拟变量 EAST 来反映东部沿海与中西部地区的差异，为了考察加工贸易进出口就业效应的时间变化趋势，模型中增加了加工贸易进出口量与时间的交互项，新的计量模型可以写成：

$$\mathrm{Ln}L_{it} = \varphi \mathrm{Ln}L_{it-1} + \lambda_0 T + \lambda_1 \mathrm{Ln}X_{it} + \lambda_2 \mathrm{Ln}M_{it} + \lambda_3 \mathrm{Ln}K_{it} + \lambda_4 \mathrm{Ln}Y_{it} + \theta T * \mathrm{Ln}X_{it} + \theta T * \mathrm{Ln}M_{it} + \lambda_5 EAST + \alpha_i + \varepsilon_{it}$$

考虑到解释变量的内生性问题以及遗漏变量的问题，使用动态面板 GMM 方法，而动态面板 GMM 估计可以分为一步估计和两步估计，实证研究中经常使用一步估计，在新增工具变量有效的情况下，一步系统广义矩估计比一步差分广义矩估计更有效，所以本文选择了一步系统矩估计。

3.3.3.2 变量及数据说明

本文采用 2000—2010 年中国省级面板数据，包括北京、天津、上海、江苏、福建、浙江、山东、海南、广东、广西、河北、辽宁、山西、安徽、湖南、湖北、江西、宁夏、河南、黑龙江、吉林、陕西、云南等 23 个省份。

由于加工贸易主要集中在第二产业，因此集中关注加工贸易对第二产业就业的影响。L 为就业人数，使用第二产业就业人数减去建筑业从业人员数（单位：万人），数据来源于《中国统计年鉴》。X 表示出口导向率，利用各省历年加工贸易出口额与第二产业之比来度量。数据来源于《国研网》以及各省统计年鉴，并使用人民币兑美元年平均汇价将以美元为单位的换算出以人民币为单位的（单位：亿元），然后再与第二产业产值比。M 表示进口渗透率加工贸易进口与第二产业产值之比来衡量，数据出口同上面加工贸易出口导向率。Y 为产出变量，用第二产业产值来衡量，其数据经过 GDP 平减指数折

算的以2000年为基期进行折算得到实际值（单位：亿元），相关数据来源于《中国统计年鉴》。K资本存量，参照俞会新和薛敬孝（2002）、胡昭玲和刘旭（2007）的做法，并假设资本产出比是固定的，则这一指标可用总资本存量和总产出之比近似衡量。总物质资本存量采用张军等（2004）的方法并延长到2010年，并以2000年为基期进行折算。

3.3.3.3 实证结果与分析

基于一步系统GMM方法估计结果如表3-14所示，从模型检验结果来看，AR（2）检验表明差分方程得到的残差不存在二阶序列相关，Hasen test表明过度识别条件成立。

从估计结果来看，出口导向率系数显著为正，表明加工贸易出口对第二产业工业就业有显著的正向影响，但是出口导向率与时间趋势项交互项系数显著为负，说明随着时间的推移，加工贸易对就业的带动作用在减弱。这主要是因为中国作为发展中国家具有二元经济的特征，加工贸易的发展是中国近乎无限供给的劳动力融入国际生产体系作为投入要素的重要途径。利用加工贸易，可以突破国内市场需求的限制，使自身的比较优势得以发挥，能够扩大生产规模进而扩大就业。在加工贸易出口过程中，产业的关联效应也带动了相关部门的就业。然而，受国内资源环境等的约束和世界范围内其他发展中国家的竞争，中国加工贸易企业加快了转型升级的步伐，中国加工贸易在全球生产和分工体系中正沿着劳动密集型环节向价值链上下游延伸，出口就业吸纳能力有所下降，因而，加工贸易出口对就业的促进作用随着时间的变化而不断减弱。

进口渗透率的符号显著为负，与时间趋势项的交互项系数显著为正，说明加工贸易进口对第二产业及工业就业增长有负向作用，说明这种负向影响随时间的推移而逐渐弱化。尽管加工贸易进口的设备、中间产品等用于生产投入将会带动产出的增加，可以起到扩大就业的效果；进口的资本物质若用于新的企业也会扩大劳动需求。然而，加工贸易对就业的影响更主要体现在会挤占国内同类产品的市场份额，冲击国内配套企业原本脆弱的竞争能力，从而使相应部门的就业受到不利的影响，进口引进先进技术设备也可能引致劳动节约的技术进步，从而产生了资本技术对劳动的替代。此外，进口技术会引起我国大量低素质劳动力与产业资本技术密集化的适配问题，从而对我国就业产生负向冲击，因而净效应为负。需要注意的是，随着时间的推移，由于本土企业技术水平不断提高，应对国外进口产品冲击能力的增强，进口对国内就业市场的冲击减弱。而且，随着国内技术消化吸收能力的提高，加工贸易进口所产生的技术转移和扩散会逐步得到利用，进口技术溢出带来的增长效应逐步显现，从而产出扩张所带来的吸纳劳动力作用将更加明显，这会弱化加工贸易对就业产生的负面影响。因而随着时间的推移加工贸易进口对就业的负面效应会减弱。

表 3-14　动态面板模型的估计结果（一步系统 GMM 估计）

解释变量	系数	t 值
LnL（-1）	1.056＊＊＊	113.84
LnX	0.062＊＊＊	3.21
LnM	-0.049＊＊	-2.68
LnY	-0.0579＊＊＊	-5.84
LnK	-0.045	-1.54
T	0.013＊＊＊	3.3
T＊LnX	-0.008＊＊	-2.37
T＊LnM	0.007＊＊	2.43
East	0.002	0.15
常数项	0.147＊＊	2.67
AR（2）	0.459	—
Hansen	1.000	—
样本数	23＊11=253	—

注：＊、＊＊、＊＊＊分别表示在 10%、5%、1% 显著性水平，AR（2）、Hansen test 给出的是统计量对应的 P 值。协方差矩阵进行了小样本调整，t 统计量是与异方差、自相关一致的稳健 t 统计量。

第4章　国际产品内分工下我国加工贸易转型升级的必要性

4.1 加工贸易转型升级是我国加工贸易发展的现实需要

我国加工贸易发展迅速，但仍面临很多问题，主要体现在以下方面。

4.1.1 我国加工贸易劳动力比较优势在逐步减弱，影响了加工贸易的持续发展

劳动力优势是我国加工贸易发展的重要动因。我国加工贸易主要集中在劳动密集型产业和劳动密集型生产环节。20世纪70年代末，亚洲“四小龙”等经济快速增长，工资水平不断上升，传统的劳动密集型产业不具有优势，面临国际竞争压力，从长远利益考虑，将不具有优势的劳动密集型转移出去。我国加工贸易发展正是利用中国劳动力成本较低的比较优势，国家采取优惠政策抓住这次国际产业结构调整的有利时机而发展起来的。然而加工贸易经过30多年的发展，加工贸易产业主要集聚在珠三角、长三角和环渤海等东部地区，众多企业集聚在一地为熟练技术工人的择业创造了条件，“人往高处走”的利益驱动促使加工企业不得不提高工资，而劳动力成本的提高影响了加工贸易发展。此外，我国经济具有很强的二元经济特征，除了工业部门和服务部门外，还存在大量的农村人口，其中有很多是剩余劳动力。我国加工贸易大量集中在劳动密集型生产阶段，加工贸易吸收了大量的农村剩余劳动力。据统计，虽然这些部门劳动者的收入在过去10多年的时间内几乎没有增长，但是2005年主要加工贸易聚集区——珠三角和长三角出现了大面积的“民工荒”现象表明在现有工资水平下，非熟练劳动力的供给已经出现了短

缺，工资上涨的压力巨大。要缓解劳动力供给不足的局面，提高工资水平势在必行，加工贸易企业的工资成本增加不可避免，依靠劳动力价格维持加工贸易成本优势将逐渐削弱。从国际上来看，一些发展中国家如墨西哥、越南、东欧国家与我国经济发展水平相近，同样拥有劳动力的比较优势。随着经济水平的提高，投资环境不断改善，劳动力的比较优势日益突出。表4-1比较了近10年来中国等主要发展中国家劳动力工资的变化。2000—2007年，中国劳动力小时工资低于表中除越南以外的国家，但是2007年，中国劳动力工资迅速提高，从1.43美元增加到2009年的2.04美元，2009年小时工资是2000年的3.34倍，而且10年间中国工资年均增长率为14.3%，远高于其他主要发展中国家。除工资外，劳动生产率也决定劳动力成本。从表4-2可以看出，过去10年间中国制造业劳动生产率大幅提高，并超过小时工资增长幅度。2009年中国制造业劳动者工资为2.04美元，约为2000年的3.34倍，但是制造业劳动者的劳动生产率为11.01美元/小时，约为2000年的4.37倍。与别的国家相比，中国制造业劳动生产率的增加速度也最快，2009年中国制造业劳动生产率仅低于墨西哥，与马来西亚基本持平。

中国劳动力大幅上升的事实对我国以价格优势为主要竞争手段的部分企业构成了相当程度的威胁。此外，墨西哥是北美自由贸易区中唯一的发展中国家，可以享受北美自由贸易协定免除关税和非关税的困扰、更可以自由地进入美国市场。而东欧部分国家与欧洲相近，产品进入欧洲市场的成本更低，更容易被当地市场接受。因此，在中国最大的两个出口市场，我国处于产业链低端的加工贸易将会受到不小的冲击。此外，中国经济的高投资率改变了劳动和资本的相对价格，生产过程中劳动投入成本相对提高。劳动力相对价格的提高，资本相对价格的下降，劳动力的比较优势逐渐削弱。

从劳动者素质来看，我国加工贸易转型升级是将向着高技术、高附加值方向升级，然而我国加工贸易转型升级研究制造业和高新技术产业加工贸易的发展所需的是具有一定专业技术和操作技能的高素质劳动者，尤其是高级技工，而我国这部分劳动力供给不足，并且我国对于开展境外加工贸易所需的具备专业技术和外经贸业务知识、熟悉国际经贸法律和市场营销知识等的复合型人才更是缺乏。另外，从加工贸易下游的物流环节来看，物流的高速发展可以提高加工贸易增值率，有利于其升级。但是现有从业人员素质远远跟不上物流发展的需要，特别是既善于经营又懂物流信息技术的复合型人才更是奇缺。

表 4-1　中国与各制造业小时工资变化情况

（单位：美元/小时）

年份	中国	越南	菲律宾	泰国	马来西亚	墨西哥
2000	0.61	0.33	1.18	1.26	2.13	1.17
2001	0.68	0.35	1.11	1.20	2.16	1.37
2002	0.74	0.37	1.14	1.22	2.29	1.39
2003	0.84	0.41	1.17	1.30	2.35	1.27
2004	0.93	0.48	1.20	1.34	2.46	1.22
2005	0.97	0.53	1.30	1.43	2.42	1.43
2006	1.15	0.61	1.52	1.56	2.59	1.47
2007	1.43	0.68	1.78	1.76	2.91	1.46
2008	1.87	0.81	1.91	2.05	3.29	1.43
2009	2.04	0.89	—	1.96	3.23	—
年均增长率	14.3%	5.6%	8.1%	7%	11%	2.6%

数据来源：引自潘悦《加工贸易顺差形成机制与预期走趋》ILO 数据库，CEIC 数据库以及美国劳工部数据库。

表 4-2　中国与各制造业小时劳动生产率变化情况

（单位：美元/小时）

年份	中国	越南	菲律宾	泰国	马来西亚	墨西哥
2000	2.52	0.66	2.80	3.63	5.53	10.8
2001	2.93	0.67	2.55	3.21	5.24	11.44
2002	3.36	0.70	2.80	3.46	5.92	12.10
2003	4.13	0.72	2.74	3.86	6.43	11.42

续表

年份	中国	越南	菲律宾	泰国	马来西亚	墨西哥
2004	4.88	0.78	2.98	4.20	7.77	11.37
2005	5.09	0.84	3.32	4.57	8.37	13.07
2006	6.29	0.91	3.96	5.44	9.01	14.94
2007	8.05	1.00	4.62	6.40	10.81	15.54
2008	11.02	1.19	5.66	7.33	12.44	15.44
2009	11.01	1.19	—	6.92	11.44	—
年均增长率	84.9%	5.3%	31.8%	3.3%	59.1%	51.6%

数据来源：引自潘悦《加工贸易顺差形成机制与预期走趋》ILO数据库，CEIC数据库以及美国劳工部数据库。

4.1.2 我国加工贸易处在全球价值链的低端，增值率不高

我国加工贸易主要集中于最终产品的组装和低端零部件的配套生产，劳动密集度高，技术含量不高，进入的门槛较低，而且世界上存在较多同类型加工经济国家，使国际市场上该商品处于供过于求的状态，价格不断下跌，即使在资本、技术密集型产品的生产中，我国承担的也只是高技术产品附加值较低的加工组装环节，获利能力低，且产品设计、软件支持、核心技术、关键零部件配套、关键设备和模具以及品牌等环节上，多数被跨国公司的母公司所控制，处于价值链的低端。

宏观上可以用加工贸易增值率来度量加工贸易的增值水平，衡量一个国家或地区在国际分工中的地位及国际分工给该国带来的经济利益。加工贸易增值率是加工贸易出口净额占加工贸易进口额的比重。来料加工越处于研发设计、品牌营销环节，在国内加工工序越多，加工链条越长，加工贸易增值率就越高。如表4-3所示，1981年到1988年我国加工贸易增值率为负值，1990年到1995年增值率在20%以内，1996年以后加工贸易增值率在上升，最近几年加工贸易增值率提高了，但是仍有进一步提高的空间。

表 4-3　1981—2009 年加工贸易增值率

（单位：亿美元,%）

年份	加工贸易出口额	加工贸易进口额	加工贸易增值率	年份	加工贸易出口额	加工贸易进口额	加工贸易增值率
1981	11.31	15.04	-24.80	1996	843.27	622.75	35.41
1982	15.77	21.28	-25.89	1997	996.02	702.06	41.87
1983	20.01	24.01	-16.66	1998	1044.54	685.99	52.27
1984	29.29	31.47	-6.93	1999	1108.82	735.78	50.70
1985	33.16	42.74	-22.41	2000	1376.52	925.58	48.72
1986	51.41	63.9	-19.55	2001	1474.34	939.74	56.89
1987	81.38	95.02	-14.35	2002	1799.27	1222	47.24
1988	128.33	137.46	-6.64	2003	2418.49	1629.35	48.43
1989	188.04	156.78	19.94	2004	3279.7	2216.95	47.94
1990	254.2	187.6	35.50	2005	4164.67	2740.12	51.99
1991	324.3	250.3	29.56	2006	5103.55	3214.72	58.76
1992	396.07	315.14	25.68	2007	6175.6	3684.75	67.60
1993	442.36	363.6	21.66	2008	6751.14	3783.77	78.42
1994	569.8	475.7	19.78	2009	5868.62	3222.91	82.09
1995	737.18	583.59	26.32	2010	7402.79	4173.82	77.36

数据来源：根据《海关统计》数据计算。

4.1.3 虽然加工贸易出口产品结构升级，但加工贸易出口产品竞争力不强

如前所述，在加工贸易发展初期，加工贸易出口的商品主要集中在纺织品、鞋帽伞等劳动密集型产业。经过 30 年的发展，加工贸易商品结构已经发生了很大的变化，机电产品成为出口量最大的商品，车辆、航空器、船舶及运输设备出口额增长迅速，但是总体来看我国加工贸易竞争力不强。

加工贸易竞争力可以用贸易竞争力指数来反映。贸易竞争力指数，即 TC

(Trade Competitiveness）指数，表示一国进出口贸易的差额占进出口贸易总额的比重，即TC指数=（出口额-进口额）/（出口额+进口额）。该指标均在（-1，1）之间。其值越接近于0表示竞争力越接近于平均水平；该指数为-1时表示该产业只进口不出口，越接近于-1表示竞争力越薄弱；该指数为1时表示该产业只出口不进口，越接近于1则表示竞争力越大。

根据该指标测算的加工贸易竞争力指数（见表4-3），总体来看，我国加工贸易竞争力不断增强，但是竞争力仍然不强。2002年加工贸易竞争力指数仅为0.05，2006年加工贸易竞争力指数上升为0.10，2010年虽然不断提高，但是竞争力指数仅为0.28。

从我国加工贸易出口的重要产品来看，除鞋帽伞等、羽毛品、人造花、人发品、杂项制品加工贸易竞争力指数在0.90以上，一直维持较强的竞争力外，其余商品的竞争力都不高，化学工业及其相关工业的产品、塑料及其制品、橡胶及其制品、光学和医疗等仪器、钟表、乐器的加工贸易竞争力指数均为负值，说明我国加工贸易竞争力在世界的平均水平之下。2002年化学工业及其相关工业产品的加工贸易竞争力指数为-0.19，2010年为-0.20，塑料及其制品、橡胶及其制品的加工贸易竞争力指数2002年为-0.35，2010年为-0.11，光学和医疗等仪器、钟表、乐器的加工贸易竞争力指数2002年为-0.11，2010年为-0.16。主要出口商品中纺织原料及纺织制品的竞争力较强，从2002年到2010年贸易竞争力指数分别为0.51、0.59、0.69、0.76和0.42。但是在国际市场上的竞争力在减弱。尽管中国出口的第十六类商品机电、音像设备及其零件、附件的竞争力在逐渐增强，但是2008年贸易竞争力指数仅为0.20，2010年增加到0.36，贸易竞争力仍然不强（见表4-4）。

表4-4　2002—2010年我国加工贸易主要商品竞争力状况

时间 海关代码	2002	2004	2006	2008	2010
加工贸易总额	0.05	0.03	0.10	0.12	0.28
第六类 化学工业及其相关工业的产品	-0.19	-0.27	-0.20	-0.06	-0.20
第七类 塑料及其制品；橡胶及其制品	-0.35	-0.32	-0.22	-0.19	-0.11

续表

海关代码 \ 时间	2002	2004	2006	2008	2010
第八类 革、毛皮及制品；箱包；肠线制品	0.42	0.46	0.42	0.46	0.09
第九类 木及制品；木炭；软木；编结品	-0.09	0.07	0.21	0.17	0.19
第十类 木浆等；废纸；纸、纸板及其制品（千克）	-0.55	-0.46	-0.27	-0.26	0.16
第十一类 纺织原料及纺织制品	0.51	0.59	0.69	0.76	0.42
第十二类 鞋帽伞等；羽毛品；人造花；人发品	0.93	0.94	0.94	0.93	0.93
第十六类 机电、音像设备及其零件、附件	-0.06	0.03	0.12	0.20	0.36
第十七类 车辆、航空器、船舶及运输设备	-0.02	0.04	0.13	0.28	0.95
第十八类 光学、医疗等仪器；钟表；乐器	-0.11	-0.37	-0.26	-0.25	-0.16
第二十类 杂项制品	0.90	0.90	0.92	0.92	0.84

数据来源：根据国研网统计数据计算。

4.1.4 加工贸易与其他产业间的关联程度低，对国内产业的带动作用未充分发挥

产业关联是产业间以各种投入和产出为联系纽带的技术经济联系。投入产出表是考察产业关联性的基本分析工具，根据对进口品不同处理方式可以分为竞争型投入产出表和非竞争型投入产出表。国家统计局公布的竞争型投入产出表无法直接测算加工出口与国内产业的关联性及影响，在此引用张芳（2011）以国家统计局《2002 年中国投入产出表》和《2007 年中国投入产出表》针对加工贸易编制的 2002 年和 2007 年非竞争型投入产出表（采用 42 部门表），并根据加工贸易出口份额进行了筛选（见表 4-5）。

其中 Z^{dd} 、Z^{dn} 、Z^{dp} 分别表示第 i 部门产品用作生产 j 部门供国内使用、非加工出口产品和加工出口产品的中间投入；Z^{md} 、Z^{mn} 、Z^{mp} 分别表示第 i 部门进口生产用作生产 j 部门供国内使用产品、非加工出口产品、加工出口产品的中间投入；V^{d} 、V^{n} 、V^{p} 分别表示第 j 部门生产的供国内使用、非加工出口产品和加工出口产品的增加值；C_i^d 、i_i^d 、e_i^n 和 e_i^p 分别表示第 i 部门国内产品用作最终消费、资本形成、非加工出口的价值量；C_i^m 、i_i^m 和 e_i^m 分别表示第 i 部门进口产

品用作最终消费、资本形成和复出口的价值量；X_i 表示第 i 部门的总产出；m_i 表示第 i 部门进口的总产出。

表 4-5　针对加工贸易的非竞争型投入产出表

<table>
<tr><td colspan="4" rowspan="2"></td><td colspan="3">中间使用</td><td colspan="3">最终使用</td><td rowspan="2">总产出或进口</td></tr>
<tr><td>国内使用</td><td>非加工出口</td><td>加工出口</td><td>消费</td><td>资本形成</td><td>出口</td></tr>
<tr><td rowspan="5">中间投入</td><td rowspan="4">国内生产</td><td></td><td>部门</td><td>1，2，…，n</td><td>1，2，…，n</td><td>1，2，…，n</td><td></td><td></td><td></td><td></td></tr>
<tr><td>国内生产</td><td>1，2，…，n</td><td>Z^{dd}</td><td>Z^{dn}</td><td>Z^{dp}</td><td>C^d</td><td>I^d</td><td>0</td><td>$X - E^n - E^p$</td></tr>
<tr><td>非加工出口</td><td>1，2，…，n</td><td>0</td><td>0</td><td>0</td><td>0</td><td>0</td><td>E^n</td><td>E^n</td></tr>
<tr><td>加工出口</td><td>1，2，…，n</td><td>0</td><td>0</td><td>0</td><td>0</td><td>0</td><td>E^p</td><td>E^p</td></tr>
<tr><td colspan="2">进口产品</td><td>1，2，…，n</td><td>Z^{md}</td><td>Z^{mn}</td><td>Z^{mp}</td><td>C^m</td><td>I^m</td><td>E^m</td><td>M</td></tr>
<tr><td colspan="4">增加值</td><td>V^d</td><td>V^n</td><td>V^p</td><td colspan="4" rowspan="2"></td></tr>
<tr><td colspan="4"></td><td>$X - E^n - E^p$</td><td>E^n</td><td>E^p</td></tr>
</table>

以下重点分析该部门在加工出口中占比超过 5%，或者出口加工产品占其总产出超过 10% 的部门。

选用中间投入比率来反映加工出口生产的后向关联效应。中间投入品比率是指国民经济中某一部门的中间投入与总投入之比。通过中间投入比率可以反映该部门的产业特性，可以体现该部门对上游产业总体的、直接的带动能力。中间投入比率越大，说明该部门越具有制造业的特性，主要是购买大量中间原材料对其进行加工，对上游产业的带动能力也越强，中间投入品比率越低则对上游产业的带动能力越弱。

三种生产中各部门的国内产品生产中间投入比率分别为：

国内使用商品生产：$K_j^{dd} = \dfrac{\sum_{i=1}^{n} Z_{ij}^{dd}}{x_j - e_j^n - e_j^p}$, $j = 1, 2, \cdots, n$ (4-1)

非加工出口生产：$K_j^{dn} = \dfrac{\sum_{i}^{n} z_{ij}^{dn}}{e_j^n}$, $j = 1, 2, \cdots, n$ (4-2)

加工出口生产：$K_j^{dn} = \dfrac{\sum_{i}^{n} z_{ij}^{dp}}{e_j^n}$, $j = 1, 2, \cdots, n$ (4-3)

根据前面式子计算出的三种生产中加工出口所涉及主要部门的中间投入比率如表4-6所示。将加工贸易出口生产与另外两种生产对比，可以发现不管是对主要部门还是对所有部门的平均收入，加工出口生产的中间投入品比率均高于另外两种生产，这意味着其增加值率低于后两者，除个别例外情况。加工出口生产的国内中间投入品占比重低于进口中间投入占比，而另外两种生产则相反，这说明加工出口生产对国内产业的带动能力有限，加工出口生产中国内产品中间投入占比远低于其他两种生产，而进口产品中间投入占比远高于其他两种生产，这意味着其通过中间消耗而对国内上游产业的直接带动能力低于后两者。

一个部门的中间投入比率反映了该部门与其他部门之间的直接后向关联。这种直接后向关联又会引发各部门之前的间接后向关联，并以此传递，甚至这种后向关联逐渐削弱。部门之间的直接与间接后向关联之和体现了某产业对其关联产业的波及作用，通常用影响力、影响力系数表示。基于表4-3对应的里昂惕夫矩阵为：

$$(1 - A^D)^{-1} = \begin{pmatrix} (1 - A^{dd}) & -A^{drt} & -A^{dp} \\ 0 & 1 & 0 \\ 0 & 0 & 1 \end{pmatrix}^{-1} = \begin{pmatrix} B^{dd} & B^{drt} & B^{dp} \\ 0 & 1 & 0 \\ 0 & 0 & 1 \end{pmatrix} \quad (4\text{-}4)$$

这里，A^{dd}、A^{drt}、A^{dp}分别表示国内使用产品生产、非加工出口生产和加工出口生产中各部门对国内产品的直接消耗系数矩阵：

$$A^{dd} = \left[a_{ij}^{dd}\right] = \left[\frac{z_{ij}^{dd}}{x_j - e_j^n - e_j^p}\right] \quad (4\text{-}5)$$

$$A^{drt} = \left[a_{ij}^{dn}\right] = \left[\frac{z_{ij}^{drt}}{e_j^n}\right] \tag{4-6}$$

$$A^{dp} = \left[a_{ij}^{dp}\right] = \left[\frac{z_{ij}^{dp}}{e_j^p}\right] \tag{4-7}$$

B^{dd}、B^{drt}、B^{dp} 分别表示上述三种生产对国内产品的完全需求系数矩阵，其中：

$$B^{dd} = (I - A^{dd})^{-1}、B^{dn} = (I - A^{dd})^{-1}A^{dn}、B^{dp} = (I - A^{dd})^{-1}A^{dp} \tag{4-8}$$

完全需求系数矩阵的各列之和为影响力，表示为满足对某一部门产生的以单位最终需求需要各部门多少单位的产出，体现了该部门在整体上对各部门产生的后向关联的大小，既包括直接影响也包括间接影响。

影响力系数是某部门影响力与各部门影响力的平均水平之比，反映了某一部门对国民经济发展影响程度大小和相对水平。该系数大于1，说明该部门的影响力在所有部门中居于平均水平之上，对国民经济的拉动力相对较大；反之，则说明该部门对国民经济的拉动力相对较小。

基于式（4-8），各部门的影响力系数分别如式（4-9）、式（4-10）、式（4-11)所示。

国内使用产品生产：$$F_j^{dd} = \frac{\sum_{i=1}^{n} b_{ij}^{dd}}{\frac{1}{n}\sum_{j=1}^{n}\sum_{i=1}^{n} b_{ij}^{dd}},\ i = 1,\ \cdots,\ n,\ j = 1,\ \cdots,\ n \tag{4-9}$$

非加工出口生产：$$F_j^{dn} = \frac{\sum_{i=1}^{n} b_{ij}^{dn}}{\frac{1}{n}\sum_{j=1}^{n}\sum_{i=1}^{n} b_{ij}^{dn}},\ i = 1,\ \cdots,\ n,\ j = 1,\ \cdots,\ n \tag{4-10}$$

加工出口生产：$$F_j^{dp} = \frac{\sum_{i=1}^{n} b_{ij}^{dp}}{\frac{1}{n}\sum_{j=1}^{n}\sum_{i=1}^{n} b_{ij}^{dp}},\ i = 1,\ \cdots,\ n,\ j = 1,\ \cdots,\ n \tag{4-11}$$

根据以上公式计算的三种生产中各部门的影响力及影响系数如表 4-7 所

示。将加工出口与其他两种出口生产对比，可以发现：第一，加工贸易出口生产各部门的影响力低于另外两种生产。其影响力只有电气机械及器材制造业、仪器仪表及文化办公机械制造业部门大于1，其他的都低于1，远低于其他两种生产。就与全部生产的比较来看，只有电气机械及器材制造业、仪器仪表及文化办公机械制造业部门的高于全部生产的，而其他的均低于全部生产。这说明加工贸易对于国内产业的综合带动能力不强，加工贸易“两头在外，大进大出”的特点，主要原材料来自国外，与国内产业的关联较其他两种生产要弱。第二，从影响力系数来看，在加工出口生产内部，仪器仪表及文化办公用机械制造业（第20部门）、工业品及其他制造业（第21部门）、电气机械及器材制造业（第18部门）、纺织服装鞋帽皮革羽绒及其制品业（第8部门）、造纸印刷及文教体育用品制造业（第10部门）的影响力系数明显高于其他部门；就全部生产来说，除通信设备、计算机及其他电子设备制造业（第19部门）、仪器仪表及文化办公机械制造业（第20部门）的影响力系数相对较小（均小于1）外，表中所列其他部门的影响力系数都大于1，且彼此相差不多。由此可见，加工出口生产中各部门的波及特征并没有在总体中得以体现，或者说其影响不大。

表 4-6　2007 年三种生产中主要部门的中间投入比率

（单位：%）

部门代码	部门名称	国内使用产品生产		非加工出口生产		加工出口生产		全部生产	
		国内生产	进口产品	国内生产	进口生产	国内产品	进口产品	国内产品	进口产品
07	纺织业	72. 56	2. 51	74. 48	0. 77	24. 10	58. 27	70. 34	5. 2
08	纺织服装鞋帽皮革羽绒及其制品业	70. 18	2. 33	71. 09	1. 47	36. 05	50. 59	66 . 67	7. 39
10	造纸印刷及文教体育用品制造业	64. 78	2. 99	64. 96	3. 52	37. 31	35. 92	61. 27	6. 64
12	化学工业	69. 85	4. 34	70. 30	4. 61	0. 11	86. 39	66. 58	8. 02
16	通用、专用设备制造业	62. 75	2. 82	62. 56	3. 44	3. 77	80. 52	59. 15	7. 6
18	电气机械及器材制造业	71. 85	3. 92	71. 75	4. 53	43. 48	41. 63	67. 32	9. 98
19	通信设备、计算机及其电子设备制造业	61. 25	5. 82	61. 93	5. 31	30. 40	40. 44	47. 40	21. 39
20	仪器仪表及文化办公机械制造业	31. 48	39. 52	61. 94	5. 14	44. 15	30. 00	46. 21	26. 87
21	工业品及其他制造业	70. 34	2. 65	71. 50	1. 6	36. 58	44. 09	67. 78	6. 86
	各部门平均	60. 60	2. 85	64. 95	3. 47	28. 30	47. 11	56. 62	6. 01

数据来源：引自张芳（2011）中国加工出口的产业关联效应和波及效应基于针对加工贸易之非竞争型投入产出表。

表 4-7　2007 年三种生产中主要部门的影响力及影响系数

（单位：%）

部门代码	部门名称	国内使用产品生产		非加工出口生产		加工出口生产		全部生产	
		影响力	影响力系数	影响力	影响力系数	影响力	影响力系数	影响力	影响力系数
07	纺织业	2.96	1.2	2.01	1.62	0.65	2.66	2.82	1.17
08	纺织服装鞋帽皮革羽绒及其制品业	2.94	1.19	1.96	1.58	0.99	4.09	2.75	1.16
10	造纸印刷及文教体育用品制造业	2.66	1.08	1.67	1.34	0.96	3.94	2.50	1.05
12	化学工业	2.88	1.17	1.89	1.52	0.00	0.01	2.71	1.14
16	通用、专用设备制造业	2.73	1.11	1.73	1.39	0.10	0.41	2.54	1.07
18	电气机械及器材制造业	3.03	1.23	2.03	1.63	1.23	5.05	2.79	1.18
19	通信设备、计算机及其电子设备制造业	2.57	1.04	1.59	1.28	0.78	3.20	2.03	0.86
20	仪器仪表及文化办公机械制造业	1.83	0.74	1.62	1.30	1.16	4.77	2.09	0.88
21	工业品及其他制造业	2.88	1.17	1.91	1.53	0.97	4.00	2.73	1.15
各部门平均		60.60	2.46	1.00	1.24	1.00	0.24	1.00	2.37

数据来源：引自张芳（2011）中国加工出口的产业关联效应和波及效应基于针对加工贸易之非竞争型投入产出表。

4.1.5 外商投资企业是加工贸易的主体，其战略和目标影响我国加工贸易转型升级方向

如表 3-5 所示，外商投资企业是我国加工贸易的主体。2001 年以来，我国加工贸易出口企业中 70% 以上是外商投资企业，2009 年，外商投资企业的比例达 84.1%。这导致加工贸易的配套主要是在外资企业间进行，人员流动也主要发生在外资企业之间，产业关联和技术的溢出效应有很大的局限性，并且发展区域集中在东部沿海地区。未来我国加工贸易转型升级的主动权主要掌握在外资企业手中，其发展方向和区域规划会受到外资企业的发展战略和目标的影响。

4.1.6 加工贸易发展地区不均衡，现有的区域布局有碍于加工贸易的可持续发展

改革开放以来，东部沿海地区利用优越的地理位置、良好的交通运输条件和政府引进外资的优惠政策，把握国外产业结构调整的机会，使得加工贸易得以大规模地发展起来。而内地由于历史和自然条件等原因以及地区经济基础薄弱，致使加工贸易总体增长缓慢，有的地区甚至出现了负增长。目前在加工贸易的规模和水平上，东部和中西部地区存在较大的差距。1995—2010 年我国加工贸易出口在东部、中部、西部的分布情况如表 4-8 所示，东部地区加工贸易所占的比例在 95% 以上，2005 年达 97.67%，中部地区加工贸易所占的比重为 1.2% ~2.7%，西部加工贸易所占的比重更低，不超过 2%，最低的 2000 年仅占全国的 0.65%。2005 年以来，东部加工贸易所占的比例开始下降，中西部所占的比例逐渐上升，但是并没有从根本上改变加工贸易区域分布。

进一步分析加工贸易在东部沿海三大经济圈的分布，发现加工贸易在三大经济圈的分布也极不均衡。如表 4-9 所示，珠三角和长三角是加工贸易最重要的两个区域，两者累计在 75% 以上，且珠三角加工贸易所占的比重呈下降趋势，1995 年珠三角加工贸易所占的比重为 57.3%，2000 年为 52.2%，2010 年进一步下降为 37.2%；长三角所占的比重呈上升趋势，1995 年长三角加工贸易所占的比重为 16.9%，2001 年上升到 24.1%，2010 年所占的比重为 39.6%，环渤海地区加工贸易所占的比重则基本维持在 15% 左右。

加工贸易在区域之间不均衡发展使资金、人力资源等生产要素被东部大量吸走，使东西部差距进一步加大，给地区经济协调发展造成不利影响。一方面西部丰富的资源不能得到开发利用，不利于区域经济协调发展；另一方面也使海外加工企业竞争加剧，使边际利润下降，不利于加工贸易的可持续发展。

表 4-8　1995—2010 年加工贸易在我国东部、中部、西部的分布情况

（单位：亿美元,%）

年份	东部地区		中部地区		西部地区	
	金额	比重	金额	比重	金额	比重
1995	706. 93	95. 9	20. 53	2. 79	9. 72	1. 32
1996	813. 62	96. 48	21. 03	2. 49	8. 63	1. 02
1997	960. 9	96. 42	26. 4	2. 65	9. 27	0. 93
1998	1015. 47	97. 22	21. 26	2. 04	7. 83	0. 75
1999	1081. 79	97. 56	19. 63	1. 77	7. 4	0. 67
2000	1343. 71	97. 62	23. 82	1. 73	8. 98	0. 65
2001	1441. 55	97. 79	21. 92	1. 49	10. 59	0. 72
2002	1749. 20	97. 22	24. 91	1. 38	25. 17	1. 40
2003	2359. 34	97. 55	29. 94	1. 24	29. 21	1. 21
2004	3201. 33	97. 61	45. 60	1. 39	32. 78	1. 00
2005	4067. 60	97. 67	60. 18	1. 44	36. 90	0. 89
2006	4975. 82	97. 50	80. 82	1. 58	46. 90	0. 92
2007	6008. 89	97. 30	108. 95	1. 76	57. 76	0. 94
2008	6557. 82	97. 14	127. 52	1. 89	65. 80	0. 97
2009	5686. 68	96. 90	112. 41	1. 92	69. 53	1. 18
2010	7107. 85	96. 02	177. 68	2. 40	117. 26	1. 58

数据来源：《国研网》数据整理。

东部地区：北京、天津、河北、辽宁、上海、江苏、浙江、福建、山东、广东、海南

中部地区：山西、吉林、黑龙江、安徽、江西、河南、湖北、湖南

西部地区：内蒙古、广西、四川、重庆、贵州、云南、陕西、甘肃、青海、宁夏、新疆、西藏

表 4-9　1995—2010 年加工贸易在三大经济圈的分布情况

（单位：%）

年份	珠三角	长三角	环渤海	年份	珠三角	长三角	环渤海
1995	57.3	16.9	15.9	2003	49.0	29.7	14.4
1996	55.9	18.3	16.6	2004	44.5	33.9	14.8
1997	55.0	19.2	16.6	2005	42.5	36.4	14.9
1998	55.9	19.8	16.2	2006	41.4	38.1	14.5
1999	54.5	21.9	16.1	2007	40.4	38.9	14.7
2000	52.2	23.5	17.1	2008	39.3	39.7	14.8
2001	51.9	24.1	17.1	2009	38.0	39.0	10.4
2002	52.0	24.5	16.1	2010	37.2	39.6	10.0

数据来源：根据《国研网》数据计算。

注：珠三角：广州；长三角：上海、江苏、浙江；环渤海：北京、天津、河北、山东、辽宁

4.2 加工贸易发展影响了我国宏观经济的健康发展

4.2.1 加工贸易发展引起经常项目、资本和金融项目双顺差

20 世纪 80 年代早期，中国对外开放恰逢拉丁美洲债务危机，拉丁美洲国家主要是采取借债而不是 FDI 的方式利用外资的，由于国内私人储蓄不足以支持企业投资，储蓄—投资缺口为负必然导致经常项目赤字，而经常项目赤字必然引起外汇储备减少，为了维持一定的外汇储备水平，必然通过资本项目盈余，即资金流入来弥补外汇储备的流失，对应于对外借款，经常项目赤字数额代表新增外债数额。20 世纪 70 年代开始持续借款导致拉丁美洲外债/GDP 比率高达 30%，外债/出口比率接近 300%，债务负担过重最终导致债务危机。

鉴于拉美债务危机的教训，中国选择了吸引 FDI 的政策。余永定、覃东海（2006）按投资目的将进入我国的 FDI 分成三种类型：第一类为技术导向型 FDI，主要着眼于引进外国先进技术；第二类为出口导向型 FDI，强调外资企业对出口的贡献；第三类为市场寻求型 FDI，外资企业以进军中国消费市场

为目标。其中出口导向型FDI在生产能力形成时期，资本项目顺差，经常项目逆差，外汇储蓄不变。生产能力形成后资本项目顺差，经常项目顺差，外汇储备增加。为了解决就业问题，政府鼓励FDI进入劳动密集型行业，同时中国廉价劳动力的巨大优势对外资有巨大的吸引力，此时国际上又恰逢产业升级以及全球生产网络的迅速发展，这就造成了加工贸易型FDI的支配地位。

在生产能力形成后，“两头在外”的加工贸易出口额必然大于进口额，形成贸易顺差，而且加工贸易发展越迅速，贸易顺差额越大，反映在国际收支平衡表上是经常项目顺差。图4-1反映了我国加工贸易顺差与国际收支经常项目的变化，从图中不难看出随着我国加工贸易的发展，加工贸易顺差额巨大而且呈不断上升的趋势，从1981年到2011年我国加工贸易已经累计顺差23482.23亿美元，同期经常项目顺差累计22432.35亿美元。值得注意的是，2001年中国加入WTO后，加工贸易发展迅速，累计了大量的贸易顺差，加工贸易顺差额也主要是在2001年以后累计的。2001年到2011年我国加工贸易累计贸易顺差，经常项目顺差累计2126.53亿美元。从加工贸易顺差的趋势来看，加工贸易顺差总是先于经常项目顺差而出现，也就是说加工贸易的发展带动了经常项目顺差的增长。

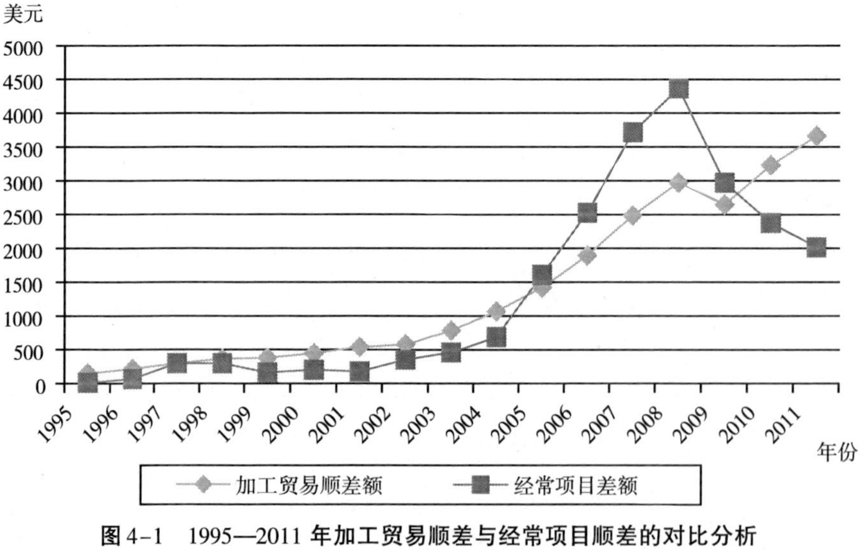

图4-1　1995—2011年加工贸易顺差与经常项目顺差的对比分析

数据来源：《新中国60年统计资料汇编》、中国经济信息网。

与此同时，跨国公司由于在全球范围内进行产品内分工，可以在现有的地理范围内找到产品生产的最低成本以获得较高利润，因此这类企业会将利润用于再投资而不是汇回母国，甚至会继续追加投资，反映在国际收支平衡表上就是资本与金融项目的顺差。

4.2.2 加工贸易发展使贸易摩擦加剧

由于国际惯例统计出口是依照原产地原则，我国的加工贸易大都是从其他国家或地区进口料件，在国内组装或进行简单地加工再复出口的。因此，加工贸易中大量的进口料件被计入我国出口额，形成统计上我国与发达国家间贸易顺差的扩大，加剧了我国与发达国家间的贸易摩擦。据海关统计，我国 70% 的加工贸易进口料件和出口成品是通过香港地区成交，由香港转口的。我国出口货物在香港特区的增加值也被美欧等国家统计为从中国进口，这样势必扩大其来自中国的进口额和对我国的贸易逆差，加剧双边贸易摩擦。我国出口加工贸易比重大，最终形成的统计偏差数额也大，由此产生的许多不利影响，必须引起足够重视。另外，由于“合成谬误”问题引发的劳动密集型产品在国际市场的过量供给，导致产品价格下跌，近来发达国家针对我国的贸易限制和反倾销案件越来越多，显示出我国出口环境正处于不断恶化的状态。

我国加工贸易进出口市场比较集中，加工贸易进口的主要来源地为亚洲国家或地区，即日本、韩国以及我国台湾地区，占到进口总额的 64.3%。而加工贸易出口地主要集中在亚洲、欧洲、北美洲，占出口总额的 79.4%。2005 年，加工贸易对美国、中国香港、欧盟、日本四大市场共出口 3282 亿美元，占全年加工贸易出口额的 78.8%。其中，对美国出口 1057.1 亿美元，增长 26.2%，占加工贸易出口额的 25.4%；对中国香港、欧盟和日本出口分别达到 927.4 亿美元、800.4 亿美元和 497.1 亿美元。同期，加工贸易自中国台湾、日本、韩国和东盟进口额分别达到 1780 亿美元，进口额占加工贸易进口总额的 65%。2006 年全年贸易顺差 1774.8 亿美元，而加工贸易所产生的贸易顺差是 1888.8 亿美元。这种地区分布的特征，表明我国在参与国际化生产的过程中，原材料等上游产品主要来源于亚洲地区，加工产品主要输往欧美市场。加工贸易的进出口国家过于集中，使得我国承接了东南亚国家对西方国家的大量贸易顺差，使得人民币的升值压力进一步加大，我国和西方国家的贸易摩擦增多。

4.2.3 加工贸易使我国经济付出了高昂的环境成本和资源成本

长期以来，我国外贸走的是外延式粗放型，以数量换取外汇的发展道路。粗放型的外贸增长是建立在大量消耗原材料、能源以及恶化生态环境基础上的。虽然我国地大物博，但由于人口众多，人均占有资源量严重不足。我国人均国土面积不足世界的1/3，在世界144个国家和地区中排在110位以后，人均耕地面积不到世界的1/4，排在126位以后，45种矿产资源潜在价值排序在80位以后，由于长期粗放型发展，能源利用效率较低。从资源禀赋来看，任何国家都有其限度，即使是可再生资源，也有生态环境动态平衡的保护问题。粗放型的增长方式虽然推动了外贸出口绝对额的增大，但效益不高。在投入产出比例低，经济效益差的情况下的高速增长，实际上是一种浪费，带来了严重的污染，破坏了可持续发展。

我国加工贸易从事高污染产品生产，引发了严重的环境问题，而且对人们的健康造成了威胁。从加工贸易出口商品结构来看，许多商品属于高投入、高耗能、低效益的资源密集型的初级产品，其出口的盲目增长是对自然资源的掠夺性开发，会使我国资源消耗得不到补偿和维护，从而进一步恶化环境。2002年，仅大连关区出口筷子、集成材料、家具等低附加值总金额就达1220万美元，消耗我国木材近30万立方米，造成森林资源的大量流失。盲目以资源密集型产品的大量出口去换取少量外汇，是建立在对自然资源的掠夺性开发基础上的，致使我国局部地区自然资源锐减、生态环境恶化。我国有色金属矿钨、锡、稀土等其他稀有金属的出口都不同程度地导致了这些矿产资源的乱挖滥采。矿物的土法选炼释放出大量有毒和放射性物质，严重污染环境。石材的出口造成景观的破坏和水土的流失。近年来，一些出口企业又盲目收购发菜、山野菜、药材等野生植物，致使大批农民涌向内蒙古草原，加速了草原沙化。羊绒出口量的扩大导致过度放牧和生态恶化。因此一味地追求比较经济利益，结果可能是付出破坏生态环境的代价，这是经济利益所不能补偿的。

就加工贸易进口而言，我国制成品进口的比重不断上升，其中大量进口作为生产投入品的羊毛、合成纤维、铁矿砂、化工原料、原油等产品无一不是高耗能的。另外，我国引进的许多技术与产业是发达国家为逃避本国较为严格的环保法规，将本国禁止或需要付出高昂的环境成本的技术和产业转移到我国境内的，产生了大量不利于社会发展的外部性。例如，外国将农药、染料、化肥、橡胶、医药、石棉、水泥、洗涤用品、化工原料、电镀等严重污染的产业趁我国独立外商直接投资之际转移到我国。更为重要的是，少数不法分子为牟取暴利从国外非法进口大量“洋垃圾”，如旧服装、旧磁带等生活垃圾、废旧船舶、汽车、电器、电缆、轮船等工业垃圾。

还有许多加工企业的污染也较为严重。在我国，服装、制鞋占我国整个加工贸易业务量的 50% 以上。从整个加工流程来看，约有 10% 的加工贸易服装面料需要在国内经过染色、水洗加工环节，所造成的水污染十分严重；制鞋类进口原料生革加工时所产生的大量皮脂、毛发留在国内，严重污染空气和水资源。以大连海关区监管的一家外资皮革有限公司为例，该厂每年皮料加工、染色后排出的污水高达 20 万吨，而且此污水无法回收再利用，造成了严重的环境污染。

第5章　国际产品内分工下我国加工贸易转型升级的影响因素分析

5.1 我国加工贸易转型升级影响因素的理论分析

要实现加工贸易的成功转型升级，需要对影响加工贸易转型升级的因素进行详细分析。借鉴前面的理论分析并结合中国的实际情况，我们认为加工贸易转型升级主要影响因素包括以下几个方面。

5.1.1 要素禀赋条件

根据要素禀赋理论，一国应该专业化生产并出口要素极度丰裕的产品。我国是利用劳动力资源比较富余的比较优势参与国际分工和国际贸易，并最终决定了我国在国际分工中的地位。中国是一个劳动力大国，劳动力供给相当丰富。从中长期来看，预计在未来10年内，在人口自然增长、农村剩余劳动力向城镇转移，企业深化改革、产业结构调整以及增长方式转变等改革进程中，每年约有2700万新增就业人口。但是从整体来看，我国劳动力素质仍然比较低，2009年，全国总人口129988万人，而具有高中文化程度的只有15778万人，具有大专以上文化程度的则仅有6794万人。所以我国应该继续发挥劳动力的竞争优势参与到国际贸易中，并逐步提高劳动力的素质以及人力资本的积累或者资本劳动比，进一步增强劳动者技术的吸收创新能力，使跨国公司的技术转移、扩散和外溢效应得以发挥，促进技术进步，最终优化我国加工贸易结构，使得我国加工贸易由劳动密集型产品生产为主逐步向以资本、技术密集型产品的生产为主转变，以此提高我国加工贸易的增值率和产业国际竞争力，促进加工贸易从低附加值向高附加值转型升级。

5.1.2 产业结构

从长远来看，一国贸易结构的转变必须由该国的产业发展做支撑，国内产业结构是贸易结构变化的内部条件。国内产业结构一定程度上反映出国内消费者的需求结构，决定了国内资源配置方式和要素流向，直接左右着一国的需求结构和产出结构，因而是贸易结构转变的内因。然而，在经济发展的过程中，受贸易战略和贸易政策的影响，可能会导致一国贸易结构的转变与产业结构的升级方向不一致。一国的产业结构主要由该国的产业发展战略决定，而一国的贸易结构一般是由先天或后天形成的要素禀赋的比较优势决定的。一国的产业发展战略往往并非遵循比较优势，从世界经济的发展趋势来看，消费结构和生产结构不断升级导致劳动密集型产品的需求比重不断下降，而资本和技术密集型产品的需求比重不断上升。发展中国家一般只在劳动密集型产品或劳动密集性环节上具备比较优势，为适应世界产业结构发展趋势，考虑经济发展和工业化的长远目标，最终可能形成不符合比较优势的资源配置模式。

5.1.3 相关产业和配套产业的发展

一国产业竞争优势的发挥依赖于相关产业与支撑产业的发展，当相关产业及配套产业的发展比较完善时，可以通过相互之间的信息交流和沟通，提高产业关联度，更大程度上发挥技术溢出效应，提高产品质量，降低产品成本。相关产业的发展和本地产业配套水平的提高对加工贸易转型升级至关重要，只有具备较高的配套水平，才可以提供高质量的中间产品，才能吸引跨国公司将那些高技术含量、高附加值的产品或加工环节转移到我国，才能促进我国加工贸易转型升级。

5.1.4 外商直接投资

外商投资企业是我国加工贸易的主体，2010 年加工贸易中 83.9% 是由外资企业完成的。外商直接投资对我国加工贸易增值率的正效应体现在如下两个方面：其一是通过资本、技术等生产要素的流入改变我国的要素结构和比较优势，进而促进加工贸易结构的优化；其二是外商直接投资可以通过跨国公司向我国加工贸易企业产生技术外溢效应，对上下游关联企业间的前向后向联系产生技术扩散和示范效应，提高我国企业和产业的技术水平，有助于我国加工贸易转型的升级。然而也有学者认为，我国外资企业加工贸易大多承接的是国外高新技术产业的劳动密集型环节，真正技术含量高、附加值高的环节并不在我国（陈文玲，2007），从而使外资技术溢出效应不明显（蒋殿春等，2008）。也有人认为，外商投资企业控制了加工贸易的进口，加工贸易转型升级受到外资企业战略目标的影响。

5.1.5 需求条件

需求条件对一国产业竞争优势的形成也至关重要。国内的产业结构反映了一国资源的配置方式和生产要素在各个产业间的流向，可以看成一国的生产结构和国内消费需求的结构，它可以为我国贸易结构的调整、发展做支撑，促进贸易结构的改善。即如果国内产业结构的发展与贸易结构的发展相一致，就能促进贸易结构的改善，促使加工贸易转型升级；反之，则可能起到抑制作用。

需求条件对一国产业竞争优势的提高有影响，这不仅包括了国内的需求情况，更重要的是国外的需求情况。国外市场的需求情况与一国对外开放的程度和国外市场的消费水平密切相关，即一国对外开放程度越高，与世界其他国家的联系越紧密，国外市场的需求对国内的影响就越大，国外消费者的收入水平越高，对国内商品的需求量就越大，所需的商品的档次就越高，这会影响到一国国内的贸易结构。一方面，贸易依存度高，国外市场需求大，能够促进经济的增长，并通过与国际市场的融合，使资本、技术密集型产品的生产增加；另一方面，过高的贸易依存度会引起对国外市场的过度依赖。另外，我国加工贸易的目标市场主要集中于少数几个国家，容易受国外市场波动的影响，不利于附加值的提高和加工贸易转型升级的实现。

5.1.6 技术水平

技术进步在一国比较优势转变过程中发挥着重要作用，是促进加工贸易转型升级的最重要因素。技术进步以及由此引起的生产要素在产业部门间的流动，将会促进资本密集型产业的发展。经过30多年的发展，我国各产业的技术水平和技术密集度不断提高，但与发达国家和新兴工业化国家相比仍然存在着很大差距。根据第三次工业普查资料，中国大中型企业技术水平普遍比国际水平落后5~10年，能耗普遍比国际先进水平高40%以上。从设备状况来看，制造业达到国际先进水平的生产设备仅占全部产业设备的24.6%，达到国内一般水平的占52.74%，还有约20%的设备处于国内落后水平。就产品档次而言，达到国际20世纪80年代末90年代初水平的只占17.8%，达到国际20世纪80年代中期水平的占26.90%，达到国际20世纪70年代水平的占48.7%，还有7%的产品属于国际20世纪60年代的水平。产业技术水平的落后使得国内配套企业的产品在质量和标准上难以达到加工贸易企业的要求，在一定程度上限制了加工贸易企业的国内采购活动，使其配套产品主要源于国外进口或少数外资配套企业。并且当前跨国公司主要根据东道国的综合技术水平和比较优势将其产品价值链的各生产环节配置在不同的国家，以降低生产成本，实现利润最大化。我国当前产业技术水平的薄弱，既影响了跨国公司将更高技术水平和更大增值含量的加工制造环节转移到我国，又影响了我国加工贸易企业凭借“干中学”实现自身技术水平提高和产品档次升级。

5.1.7 技术创新与吸收能力

我国企业缺乏核心技术的研发和创新能力，技术吸收能力不强，发达国家尤其是大型跨国公司在与我国开展贸易往来时，只将适用型的技术转移过来，跨国公司的技术扩散和溢出效应有限。这使得我国目前仍以劳动密集型的产品生产或资本、技术密集型产品中劳动密集型环节的生产为主，阻碍了加工贸易的转型升级。

5.1.8 劳动力成本

在国际生产网络中，不同地区依托自身比较优势专业化从事某一特定工序生产，各个生产环节被布局到成本最低的地区。中国近乎无限供给价格低廉的劳动力，吸引了一大批跨国公司将产品生产中技术含量较低、需要密集使用劳动力的环节转移到中国。劳动力成本的上升会导致加工贸易转移到劳动力成本低的中部地区或者其他发展中国家或地区，同时劳动力成本的上升也可能迫使企业生产高附加值的产品。

5.1.9 国内相关政策

我国加工贸易是在享受到国家优惠政策条件下发展起来的，随着国内外经济形势的变化，这些政策不能很好地适应加工贸易的发展。另外，一些政策法规的不健全和相关职能部门执行力度不够等因素严重制约了我国加工贸易转型升级，具体包括税收政策、深加工结转政策、知识产权保护政策以及地方政府的引资政策。

（1）加工贸易中的税收政策

加工贸易中税收政策主要包括加工贸易进口品关税政策和免征出口产品增值税政策，这种税收政策是我国加工贸易中间品本地化率低的根本原因。加工贸易中出口退税存在许多不协调、不配套的地方，使我国错失成千上亿美元的配套产品出口的机会。具体表现在：一是来料加工企业在产品出口时只收取加工费因而没有销售收入，产品出口是不能享受到出口退税的优惠政策，如果从国内采购料件，不仅不能享受到出口退税还要承担国内采购发生的全额增值税；二是进料加工存在“超国民待遇”现象，加工贸易企业进口料件可以免去缴纳关税、进口环节税，而在国内采购原材料采取先征后退且部分退税的待遇（征 17%，退 13%），这种税收政策降低了加工贸易企业的国内采购率，影响了对上游产业的带动作用，影响加工贸易转型升级；三是部门间政策不协调，目前海关对出库到加工区、保税区和保税物流中心的加工贸易都视同实际出口给予外汇核销，但是税务部门只认同出口加工区和保税物流中心予以退税，阻碍了加工贸易产业链向仓储运输等国内相关产业环节的延生，抑制了增值率的提高。而对于深加工结转业务，海关手册核销时视同实际出口，但税务部门则必须实际出口时才予以退税。

（2）深加工结转制度

深加工结转是加工贸易转型升级的重要组成部分。目前执行的加工贸易结转办法是 2004 年海关总署修订的《中华人民共和国海关关于加工贸易保税跨关区深加工结转管理办法》，于同年 1 月 19 日以中华人民共和国海关总署第 109 号（以下简称 109 号令）对外公布，3 月 1 日正式执行。虽然实现了“一次审批，分别报关、自动转账”的监管办法，简化了企业结转办法，提高了审核速度，提高了运转效率，降低了企业成本。但是仍然存在很多问题，具体如下。

第一，审批制度改革不彻底，企业结转仍不够便利。

珠江三角洲、长江三角洲地区形成了以 IT 企业为龙头、产品配套程度较高的企业群。企业的经营方式也发生了巨大的变化，尤其是 IT 产业普遍实行了“生产零库存、销售负库存、网上下单”的经营模式，企业的物流和资金周转速度大大加快，企业间的配套能力日益增强，越来越多的企业要求通过深加工结转的方式从国内其他相关的加工贸易企业采购所需的生产原料、零件和配套部件。109 号令出台后，简化企业办理深加工结转手续减少了相关操作环节，但由于缺乏科技手段的支持和信息化技术的保障，目前深加工结转的审批手续仍停留在纸本书本审批作业的管理模式，对于结转量大，上下家结转客户多的企业，仍需要频繁地往返于海关办理结转审批手续，企业结转仍不够便利。

第二，缺乏信息互通，企业内部管理难以到位。

目前主管深加工结转海关与从事结转企业，结转企业与结转企业间缺乏数据互通的查询平台。企业内部管理普遍不同程度地存在收发货、报关、仓管、财务在数据上不能一一对应的情况，既不利于海关监管也不利于企业的自身管理。企业主管人员往往对于各个申请表，各本手册，已送货、收货多少、已报关多少、还有多少备案数量可以收发货等情况不甚了解，也难以及时掌握。由于没有建立存储企业收发货信息并可供企业彼此间校对相关数据的查询平台企业在收发货管理上容易出错，容易造成企业内部管理上的不到位而导致发生违反海关相关规定的情况。

第三，操作方式陈旧，管理信息滞后，海关监管被动。

109 号令实施后海关对深加工结转的管理的操作作业方式相对比较落后、监管信息滞后、管理比较被动，主要体现在：深加工结转计划申请备案上，采用企业纸本申请海关人工审核；企业送货和收货上采用企业自行进行纸本登记；企业办理深加工结转申报上采用企业收发货事后海关接受集中申报；接受集中申报时对报关单与申请表和收发货单登记表采用人工纸面核对。

（3）知识产权保护政策

当前，我国企业、公众知识产权观念单薄、知识产权保护法律法规不健全以及知识产权保护力度欠缺。这不但对跨国公司是否决定将先进技术、研究与设计中心转移到我国产生严重的负面影响，而且造成了加工贸易企业引进先进技术、追求技术创新和设计创新的动力不足，极大地影响了我国加工贸易向高新技术方向转型。

（4）地方政府的引资政策

地方政府引资政策也在一定程度上影响着我国加工贸易的转型升级，目前部分地方政府为了促进经济的增长，以各种优惠政策积极引进外资。可是它们往往只重数量、轻质量，对于引进项目的技术先进性程度以及对环境的危害程度则重视不够。再加上我国相对较低的环境标准以及较为不适当的出口退税税率，导致了跨国公司将大量高污染、高耗能的生产环节转移到我国。致使我国出口的产品大多为高耗能、高污染、低技术含量，这对于我国加工贸易企业向绿色化发展，向高端迈进有着深远的负面影响。

（5）原产地规则

我国现行的原产地规则，对加工产品的原产地认定采取以制造、加工工序为主，构成比例为辅的原则。因而对加工产品原产地认定过多地注重“最终组装工序”，对加工产品中的原材料、零部件的构成也更多地从组装工序的角度考虑而忽视了核心零部件在原产地认定中的作用。在《加工工序清单》中，对第7类“塑料及其制品，橡胶及其制品”；第8类“皮革、毛皮及其制品”；第10类“纸、纸板及其制品”；第11类“纺织品原料和纺织品”；第12类“鞋帽雨伞、阳具”；第13类“玻璃及其制品”；第15类“贱金属及其制品”以及第16类的绝大多数产品的主要制造、加工工序只要求加工和成型，没有具体规定进口成分的比重，更没有对核心部件的来源地作出规定，这就造成了在我国只进行简单加工的产品轻易可以获得中国原产地证书，使外商倾向于只是将最终简单加工环节放在中国境内，原材料、零部件更多地进口，而不注重从本地采购。总之，宽松的原产地规则造成我国加工贸易中间品进口替代率低，从而使加工贸易与我国其他产业尤其是中间品产业关联性弱。

5.2 我国加工贸易转型升级影响因素的实证研究

5.2.1 模型与方法

根据前面的理论分析，计量模型设定为如下形式：

$$\text{Prate}_{it}=\beta_0+\beta_1\text{Prate}_{it-1}+\beta_2\text{LnFDI}+\beta_3\text{LnPatent}_{it}+\beta_4\text{LnHC}_{it}+\beta_5\text{Stru2}_{it}+\beta_6\text{KL}+\alpha_i+u_{it} \tag{5-1}$$

上式中，下标 i，t 分别代表地区和时间。影响加工贸易转型升级的主要因素有：资本深化程度（KL）、研发能力（Patent）、人力资本（ HC ）、外商直接投资（FDI）、产业结构（Stru）、劳动力成本（Awage_ M）。

根据本文的研究问题以及数据，选择动态面板 GMM 估计方法，原因在于：①解释变量的内生性问题。在式（5-1）中的计量模型中，多个解释变量可能与被解释变量之间存在双向因果关系，在选择合适的工具变量的前提下，动态面板 GMM 方法可以有效控制内生性问题。②GMM 估计使用差分转换数据，避免了不可观测变量与解释变量相关或遗漏变量的问题。

动态面板 GMM 估计分为一步和两步 GMM 估计，Bond 认为，在实证中通常使用一步 GMM（one-step GMM）估计量，其原因是两步估计的权重矩阵依赖于估计参数，而且标准差存在向下偏倚，这种偏倚经过 Windmeijer 有限样本调整后会减少，但是会导致两步估计量的近似渐进分布不可靠。GMM 估计又分为差分 GMM（diff-GMM）和系统 GMM（sys-GMM），但因变量和内生变量近似于随机游走时，差分 GMM 会面临严重的弱工具变量问题，而系统 GMM 所用的工具变量是从自变量的历史变化中选择的，因此，当新增工具变量有效时，系统 GMM 比差分 GMM 更有效。差分汉森统计量（Difference in Hansen）的 P 值来判断新增工具变量的有效性。

综合考虑以上情况，本文选用一步系统 GMM 估计，在对模型进行估计时，特别注意估计的细节与适用性。由于模型中用到的解释变量滞后值作为工具变量，为了防止过多的工具变量使 Hansen 检验不可靠，利用 collapse 技术来控制 GMM 类工具变量的数量，以克服工具变量增加而带来的自由度损失的问题。表 5-1 中给出了差分转换方程的一阶和二阶序列相关检验［AR（1）和 AR（2）］，以检验原始残差序列是否存在序列相关。自相关检验和参数标准误差的稳健估计要求残差项在个体之间不相关，而我们的模型是短时间的动态面板，可能存在严重的横截面相依性问题，为此，在模型中引入年度虚拟变量来控制相依性对估计结果带来的偏差问题。

5.2.2 变量与数据

本文的研究采用中国省级面板数据，根据数据的可得性，样本时间跨度为 2001—2010 年 23 个省（直辖市），东部地区北京、天津、上海、江苏、福建、浙江、山东、海南、广东、广西、河北、辽宁；中西部地区：山西、安徽、湖南、湖北、江西、宁夏、河南、黑龙江、吉林、陕西、云南。

（1）加工贸易增值率（$Prate_{it}$）

本文选择加工贸易增值率（加工贸易净出口额除以加工贸易进口额）来度量加工贸易转型升级的程度，该指标不仅可以反映加工贸易在我国境内加工链条的长短，而且可以反映我国加工贸易参与全球产品内分工的地位与程度。加工贸易出口额与加工贸易进口额 2000—2008 年数据来源于国研网，2009—2010 年数据来源于各省统计年鉴。

（2）要素禀赋条件（K/L）

用资本和劳动投入比来反映。物质资本存量来自张军（2004）的研究，根据张军等（2004）的方法将数据延长到 2010 年，并将物质资本存量换算成以 2000 年为基期的不变价格数据。劳动投入量本应该用劳动时间数据表示，但由于劳动时间数据无法得到，即使有这方面的数据，其准确性和可靠性也受到怀疑，所以常用劳动人数代替。出于数据可得性考虑，本文假定劳动力总量等于就业人员数，就业人员指标反映了一定时期内全部劳动力资源的实际利用状况，就业数据来源于中国经济信息网。

（3）产业结构（Stru）

由于我国加工贸易的出口产品主要是制成品，以制造业为主的第二产业的发展水平会对我国加工贸易的产业转型升级产生影响，所以用第二产业增加值占 GDP 的比重来表示。第二产业增加值、GDP 数据来源于国研网。

（4）外商直接投资（FDI）

用历年外商直接投资实际利用外资金额。实际利用外资额来源于《新中国六十年统计年鉴》，近两年的数据从各省统计年鉴补充。

（5）人力资本（HC）

人力资本的度量可以采用受教育年限法，把小学、初中、高中、大专及以上的受教育年限分别计为 6 年、9 年、12 年和 16 年，通过加权平均获得各地区人均受教育年限数。各地平均受教育年限 = 小学比重×6+初中比重×9+高中比重×12+大专及以上学历比重×16 。基础数据来源于《中国人口年鉴》和《中国人口和就业统计年鉴》。

（6）研发能力（Patent）

研发能力可以采用投入或产出的方法来测度，本文采用产出指标，用三项专利申请授权数来衡量。数据来源于《中国科技统计年鉴》。

（7）劳动力成本（Awage_ M）

劳动力成本可用制造业平均工资来反映。数据来源于《中国统计年鉴》。

（8）技术水平

技术水平用全要素生产率（TFP）来反映。使用“索洛余值法”计算，通过 $\mathrm{Ln}A = \mathrm{Ln}Y - \alpha \mathrm{Ln}K - \beta \mathrm{Ln}L$ 计算，Y 用支出法计算的 GDP 来衡量，K 用资本总额来衡量，L 用年末从业人员数来衡量，并且假设规模报酬不变，即 $\alpha + \beta = 1$，α，β 为常数，本文采用世界银行对中国的计算结果，令 $\alpha = 0.6$，$\beta = 0.4$ 计算。

5.2.3 计量结果与分析

基于一步系统 GMM 估计的加工贸易转型升级影响因素的实证结果如表 5-1所示，由于中国加工贸易区域发展极不平衡，所以本文在全国总体分析的基础上，选用东部地区子样本进行分析。表中前三列选择的是全国的数据，后三列选择的是东部十二省。从 Arellano-bond 序列相关检验和 Hansen 检验来看，模型选取的工具变量及其滞后阶数是合理的，模型一步系统 GMM 估计所采用的工具变量表现良好，差分方程得到的残差服从 AR（1），且过渡识别条件成立。

从表5-1 的结果来看，外商直接投资（FDI）在全国的估计中不显著，在东部地区的估计中显著为负，这与外商直接投资主要集中在东部地区，中西部地区外商直接投资相对较少的事实有关系，外商直接投资进入中国东部地区从事加工贸易，对中国加工贸易转型升级有重要影响。跨国公司从全球利益最大化的原则出发在全球范围内配置资源，控制加工贸易进口，利用中国劳动力资源的比较优势加工产品再出口，生产的产品附加值低，不利于加工贸易增值率的提高。此外，跨国公司还通过商业惯例、转移定价等方式降低增值率，这点在外商直接投资的东部地区明显，而在外商直接投资较少的中西部不明显。而且东部地区利用的外商直接投资较多，中西部利用的外商直接投资较少，所以从全国来看不明显。

研发能力（Patent）在全国和东部地区的估计中均显著，且系数为正。这说明研发能力影响加工贸易转型升级的重要因素。经过近 30 年的发展，加工贸易出口产品虽然主要集中在劳动密集型产品或资本技术密集型产品的劳动密集型环节，但是近年来开始逐渐转向资本技术密集型环节，在资本技术密集型产品生产技术含量比劳动密集型产品的技术含量要高、研发能力要强，有助于提高产品的技术含量，进而附加值提高，因此，研发能力的提升更能带动加工贸易增值率的提高。

产业结构（Stru）在全国的估计中 5% 显著性水平下显著，东部地区 1% 的显著性水平下显著，系数较大且为正。随着经济的发展，第二产业在国民经济中所占的比重应该逐渐减小，第三产业所占的比重应该逐渐增加，产业结构优化应该有利于加工贸易转型升级，系数应该为负，这与我们的预期不同，但是与张明（2010），葛翠翠（2009）得到的实证结论相一致。我国加工贸易主要是利用国内劳动力成本比较低的优势发展的，主要集中在轻工业和加工制造业，如服装、鞋帽、玩具、机电等产品，而我国国内产业发展重视重工业、轻视轻工业，国内产业结构也以重化工也为主，所以导致了产业结构与贸易结构的背离，从而使得我国国内产业结构不能起到优化贸易结构的作用。

资本深化程度（K/L）在全国和东部地区样本的估计中均不显著，系数为正。随着物质资本的积累，我国要素禀赋条件正逐渐改善，加工贸易也逐渐转向资本技术密集型产品出口，对我国加工贸易转型升级有一定的促进作用，但是相对于中国劳动力数量大，资本存量的增加较缓慢，所以资本劳动比变化幅度小，中国劳动力的比较优势并没有发生根本的变化，物质资本的积累仍需要长期的过程。

人力资本（HC）全国与东部的样本中不显著。这主要是因为目前我国加工贸易总体集中在技术水平比较低的加工装备环节，人力资本发挥的空间有限，不能很好地与其他生产要素进行结合，促进技术水平和效率的改进。另外，加工贸易企业雇用的劳动力素质总体不高，不利于提高增值率。

技术水平（TFP）在全国和东部地区的估计中均不显著。说明国内技术水平的提高并没有对中国加工贸易转型升级发挥作用。主要原因有以下两点。第一，长期以来我国加工贸易两头在外的发展模式，导致“飞地效应”存在，从而使零部件国内采购率低，加工贸易产品深加工结转率低，不利于相关配套产业的发展，对国内经济的联系不紧密，中国技术进步对加工贸易的影响甚微。第二，中国加工贸易的主体是外商直接投资企业，外商直接投资企业在中国投资从事加工贸易主要是利用中国劳动力成本低的优势，转移的主要是成熟技术和附加值低的环节，受机制和体制的制约，缺乏技术创新的动力，技术消化、吸收能力差，加工贸易企业技术水平很低。

工资水平（Awage_ M）在全国和东部地区的估计中均不显著。由于中国加工贸易主要集中在制造业，制造业工资水平的上升会迫使一些生产率低的企业退出市场，或迫使一些从事劳动密集型产品生产的企业转向中部地区或者其他劳动力成本更低的发展中国家，从而使东部地区从事附加值更高的产品生产。但是由于劳动力成本上升对加工贸易的影响存在滞后效应，中国东部地区劳动力成本上升主要是在 2007 年以后，所以目前这种工资水平对加工贸易转型升级的影响作用尚未发挥。

表 5-1 加工贸易转型升级影响因素动态面板广义矩估计结果

	全国			东部地区		
	(1)	(2)	(3)	(4)	(5)	(6)
	Prate	Prate	Prate	Prate	Prate	Prate
L. Prate	0.282	0.306	0.280	0.649	0.667	0.640
	(1.82)*	(2.01)**	(1.50)	(6.26)***	(6.30)***	(7.13)***
LnPatent	0.348	0.381	0.371	0.177	0.182	0.165
	(2.09)**	(2.21)**	(2.02)**	(2.28)**	(2.40)**	(2.19)**
LnFDI	-0.192	-0.177	-0.136	-0.141	-0.142	-0.0912
	(-1.48)	(-1.39)	(-1.13)	(-3.09)***	(-3.24)***	(-1.73)
Stru2	1.317	1.037	1.286	0.792	0.763	0.729
	(2.18)**	(1.86)*	(2.11)**	(3.25)***	(3.53)***	(3.70)***
K/L	0.00567	0.00575	0.00345	0.00800	0.00706	0.00800
	(0.81)	(0.74)	(0.41)	(1.90)*	(1.66)	(1.47)
LnHuman	-0.355	-0.402	-0.385	-0.0901	-0.102	-0.0850
	(-1.75)*	(-1.83)*	(-1.67)*	(-0.90)	(-1.09)	(-0.88)
TFP	-1.046	-1.014	-1.043	-0.470	-0.398	-0.476
	(-1.83)*	(-1.66)	(-1.82)*	(-1.39)	(-1.02)	(-1.21)
LnAwage_ M		-0.310			-0.0726	
		(-0.84)			(-0.49)	
LnPexpor			-0.0427			-0.0173
			(-1.38)			(-0.49)
_ cons	2.177	5.101	1.930	0.522	1.282	0.193
	(1.53)	(1.18)	(1.35)	(1.21)	(0.82)	(0.37)
N	207	207	207	108	108	108
AR (1)	0.048	0.049	0.029	0.089	0.099	0.099
AR (2)	0.616	0.514	0.477	0.277	0.270	0.351
Difference-in-hasen	0.972	1.000	1.000	1.000	1.000	1.000

注：本文的估计使用的是软件 Stata 11.0 中“xtabond2” *、**、***分别表示在 10%、5%、1%水平上显著，括号中为 t 统计量，AR (1)、AR (2)、Difference-in-hasen test 给出的都是统计量对应的 P 值。

第6章　国际产品分工下加工贸易转型升级的国际经验借鉴

东南亚一些国家和地区（如韩国、新加坡、中国台湾）的加工贸易发展迅速，但是当国内生产成本上升时，这些地区的政府积极采取措施促进加工贸易转型升级，它们加工贸易转型升级的成功经验值得我国借鉴。

6.1 韩国加工贸易转型升级的历程及经验借鉴

6.1.1 韩国加工贸易转型升级的历程

韩国自然资源不足，只能依靠从国外进口，赚取外汇发展贸易。20世纪60年代，韩国实行了出口导向型经济发展战略，在中间产品产业和机械设备等生产资料产业基础非常薄弱的状态下实现了出口的迅速扩大，出口商品主要有纺织品、成衣、鞋和木材加工等劳动密集型加工组装产品。为了维持劳动密集型加工组装产品的出口，首先，韩国积极采取措施支持进口原材料，韩国政府提供了很多优惠政策，对企业进口的用于出口的原材料和零部件以及一些限制或禁止的原材料进口都不做限制，且原材料进口可以优先获得许可。制定了一些确实有效的措施简化许可业务程序。其次，1965年前后韩国政府两次采取措施使韩元大幅贬值，刺激了出口。再次，税收方面，进口普通原材料用于出口加工的免交商品税和关税。最后，在金融政策方面，韩国政府为出口加工用原材料企业的外汇支付做担保并为其资金融通提供优惠。在这些措施的支持下，韩国加工贸易出口逐年增加。20世纪70年代，韩国把钢铁、造船、有色金属、电子、石油化工、水泥、汽车、机械工业作为“战略产业”，实现产业升级，从劳动密集型向资本密集型工业过渡，从而实现更高级的出口导向工业化。20世纪

80年代，韩国逐渐丧失劳动力成本的优势，韩国企业将本国资本输出到我国及其他东南亚地区，将原来的劳动密集型产业进行委托加工制造，然后将制成品或半成品返回国内销售或者出口到别的国家，而韩国国内企业则逐步转向高科技产业。随着经济的发展，加工贸易在韩国贸易出口中所占比重大大降低，主要是高尔夫用具、特殊鞋类、食品加工等高附加值产品以向日本等发达国家出口为主，并且在韩国从事加工贸易的主体是外资企业。

6.1.2 韩国加工贸易转型升级的经验借鉴

（1）紧紧抓住国际产业转移的有利时机

开放经济条件下，一国产业发展或产业结构的转化必须顺应国际大背景才能获得好的效果。20世纪60年代，韩国发展劳动密集型产业正是充分利用本国劳动力成本的优势抓住发达国家劳动密集型产业转移的契机实现的。70年代，国际产业转移的新趋势是发达国家将部分资本密集型产业转移出去，而此时的韩国积极采取相应的产业政策，将自身逐渐丧失优势的劳动密集型产业逐渐转移出去，积极承接从发达国家转移来的资本密集型产业。但是应当看到此时韩国政府的产业政策也起到了积极作用。

（2）合理运用产业政策

产业政策的实施对后发国家有重要作用。韩国政府在制定国家经济开发计划时都以产业政策为核心，通过产业政策确定了各个时期经济发展的主要方向，从进口替代、出口替代、重工业到最后的技术立国，产业政策在促进经济发展方面起到了很大的作用，大大缩短了追赶发达国家的过程，而且这些产业政策是根据国内外形势不断动态调整的，韩国各期的产业政策如表6-1所示。

表6-1　20世纪60～90年代韩国产业政策比较

时期	时代背景	扶持政策	相关措施
60年代	资源和资金不足，国际产业转移	纤维、胶合板等劳动密集型行业	关税减免、低息出口贷款、对民间企业引进国外贷款进行审批和提供支付保证、货币贬值、提高利率、单一浮动汇率

续表

时期	时代背景	扶持政策	相关措施
70 年代	经济起飞	钢铁、非金属、机械、造船、汽车、电子、石油化工、水泥、陶瓷器及纤维工业十大产业	重点投资、税收倾斜、鼓励购买本国设备、提升相关教育和研发
80 年代	结构调整	汽车、电子、半导体	对高新技术产业加大投入、减免税收、给予融资优惠、进口自由化、降低关税、资本自由化、促进技术引进
90 年代	缓慢增长	高新技术产业	加强人才培养、加大科研投入、税收优惠、重点培育关键技术和企业、优惠金融政策引进高新技术投资

（3）减免原材料和中间品进口税，提高价格企业价格竞争力

韩国在经济发展初期就十分重视原材料及相关中间品的进口，20 世纪 60 年代初韩国对制造出口产品的原材料进口、生产出口品的进口原材料实行税收减免政策。对原材料和有关中间品进口的优惠降低了国内企业的生产加工成本，提高了产品在国际市场上的竞争力。

（4）鼓励本土企业自主研发，提升加工技术水平

加工技术决定着加工业的生产能力和加工品的竞争力，没有加工技术的更新换代就不会有加工贸易的转型升级。在第一个五年计划中，韩国发展劳动密集型的轻工业和来料加工业的同时就制定了技术振兴五年规划，集中若干个重点产业引进重点技术加以消化吸收，并且制定法律法规建立税收、金融上的支持制度，设立了专门研究机构，推进阶段性的技术引进自由化。并且韩国将引进的吸纳新技术和设备与国内廉价劳动力扶持政策相结合，加工产品在国际上具有较强的竞争力。此时对国外技术的依赖造成了韩国技术自主开发能力的贫乏，进入 20 世纪 80 年代，韩国产品在质量性能上面临发达国家的阻击，在价格上面临发展中国家的挑战，而产品转型升级所需领先技

术的进口又遭遇到发达国家的封锁，这迫使韩国将技术升级的重点放在本国研发上，通过自主创新来提升制造业的技术水平。1981 年，韩国政府全面改变税收制度，大幅扩大对技术开发的金融支持规模，鼓励企业设立附属研究院所，1986 年制定“产业技术研究组合法”促进企业联合研究开发，鼓励公共研究机构和企业的联合研发，同年 7 月又开始实施“工业发展法”，同时继续推进技术的引进自由化，扶持国人研发活动的优惠政策环境。

(5) 研发新产品和创立自主品牌，提升传统加工贸易产品的档次

随着本国加工贸易的发展以及劳动力成本更低的其他国家加工贸易的发展，具有比较优势的传统加工贸易产品会逐渐失去竞争力，这就需要加工贸易企业根据国际市场的需求状况，根据自己变化了的比较优势对加工工艺和产品档次作出调整。20 世纪 80 年代以来韩国劳动力成本上升，工资增长速度甚至超过了劳动生产率增长的速度，这造成了韩国传统劳动密集型加工品如制鞋、服装等国际市场份额面临着其他发展中国家的挑战，面对这种情况，韩国一方面研发生产新型高档产品和核心部件，创立自主品牌，一方面通过海外投资带动零部件产品出口到中国、印尼、越南的发展中国家进行组装。服装就是一个很好的例子。直到 20 世纪 80 年代，韩国服装类制成品出口主要是大规模按订单加工的方式进行的，时装出口几乎空白，自主品牌服装的出口罕见，到了 20 世纪 90 年代中后期，特别是东南亚金融危机以后，国内需求市场萎缩，韩国服装企业的经营战略开始转向海外，韩国服装设计师通过参加海外展览会和服装表演，同海外流通网的交易活动不断扩大，同时通过多种营销手段积极扩大声誉，自主品牌知名度逐步升高，带动了高度附加值的自主品牌的服装出口。

(6) 扶持关键零部件生产，提高加工出口品国产化率

加工贸易发展的初级阶段，往往只是组装由外国厂商提供的元器件，赚取少量的加工费，要突破这一困境就要实现对原材料的深加工，使加工贸易所需零部件国产化。提高加工出口品国产化率不仅能够增加本国、本地区就业，提升加工出口品增值率，改善本国的贸易条件，还可以减少加工贸易的运输成本，提升竞争力。韩国很早就意识到了零部件国产化的重要性，把“三五计划”确立为“自主出口力量确立年”，汽车及零部件进口要览，有选

择地限制有关零部件的进口，促进机械类产品的国产化率。除了保护本国扶持的零部件的生产免受国外产品的竞争外，韩国还在零部件技术的引进和研发方面给予税收优惠和资金支持，对零部件、设备采取出口促进政策。例如20 世纪 80 年代，为了提高液晶产业设备和零部件的国产化，韩国政府和企业均投入了大量资金，韩国政府对采用和开发新技术的液晶制造设备厂和零部件厂提供优惠税率，拨给开发资金，具体由韩国产业资源部执行，如果某设备制造商要开发新工艺的制造设备，那么可获得液晶屏生产厂商提供的部分开发和研制经费。韩国提高国产化率的另外一个重要特点就是选定重点产品的重点零部件取得突破。

6.2 新加坡加工贸易转型升级的历程及经验借鉴

6.2.1 新加坡加工贸易转型的历程

亚洲“四小龙”之一的新加坡是东南亚国家中加工贸易发展较好的国家。新加坡建国以前主要依靠优越的地理优势和自由的经济政策发展转口贸易，经济结构单一，为了扭转这一趋势，20 世纪 60 年代开始实行进口替代产业发展战略，这一战略的实施为新加坡经济起飞奠定了基础，但是这一战略面临市场狭小的问题，新加坡建国前后面临一系列国际和国内问题，新加坡继续调整发展路径。此时，世界范围内正进行国际产业转移，劳动密集型产业从欧美等发达国家转向日本等新兴民族国家，此时新加坡利用了自身低劳动力成本的优势承接了产业转移，新加坡政府成立“经济发展局”，专门从事跨国公司的审批，统筹运作吸引跨国公司的各项配套措施，协调跨国公司与政府职能部门之间的关系，为跨国公司投资提供便利。引进外商直接投资不仅缓解了新加坡资金不足的问题，也带来了先进生产技术，发挥技术溢出效应，并为新加坡加工贸易的发展注入新鲜血液。

20 世纪 70 年代，国际国内形势发生了很大的变化，随着加工贸易的发展，新加坡劳动力成本不断上升，劳动力成本更低的东南亚国家加入国际市场的竞争中，泰国、马来西亚、印度尼西亚、菲律宾等国家相继设立出口加工区和类似的经济特区发展劳动密集型加工贸易，新加坡劳动密集型产品在国际市场上的竞争力逐渐减弱，经济面临严峻形势，此时新加坡政府及时有效地调整了加工贸易发展战略，开始从劳动密集型产品向资本密集型产品的转型。从1979年开始，连续三年实施工资增加政策，通过增加企业成本的办法迫使企业改进生产工艺，逐步淘汰劳动密集型产业而发展资本密集型产业。通过政府支持和财政补贴的政策帮助和扶持本地企业将更多的资金投入到技术升级上；建立工人技能发展基金，加强对工人的技术培训。招商引资政策适时调整，明确表示不再接受劳动密集型产业的投资，重点吸引资本密集型企业。建立了一批拥有良好基础设施的新工业园区，为新企业提供良好的基地。

20世纪90年代，国际分工进一步深化，跨国公司全球生产体系日益完善，在全球范围内配置资源，增加海外研发投资力度。新加坡抓住有利时机，利用电子信息产业配套能力大幅提高的优势，以加工贸易方式同发达国家在IT产业进行水平分工，在一些具有比较优势的产品上积极与跨国公司进行研究生产合作。新加坡政府先后颁布了《专利法》、《商标法》、《设计注册法》、《版权法》、《集成电路设计保护法》、《属地品牌保护法》等一系列法规加大知识产权保护。并且制定一系列人才培训计划，拨出专门经费培训大批专业技术人才，以优惠政策吸引世界各地的人才长期留在新加坡，为跨国公司研发投资提供人才保障和智力支持。

6.2.2 新加坡加工贸易转型升级的经验借鉴

经过几十年的发展，新加坡加工贸易已经从劳动密集型转向知识密集型和技术密集型，其经验值得借鉴。

（1）重视制定发展战略，正确把握发展方向

随着加工贸易的发展，加工贸易面临国际国内形势在不断变化，新加坡加工贸易从劳动密集型向资本、技术密集型的成功转型升级离不开政府前瞻性地制定发展战略及配套政策的适时调整。例如在国内劳动力优势逐渐减弱，面临向资本技术密集型阶段转型升级的关键时期，政府设立了资本协助计划，对本国和外资企业发展高技术加工贸易提供优惠贷款；设立小型工业资助计划，鼓励本国加工贸易投资资本技术密集型环节；连续三年提高工资，迫使

企业减少劳动力的使用增加资本使用，不断更新设备，实现机械化、自动化、全面更新技术。

（2）紧紧抓住有利时机以优惠的政策吸引跨国公司研发投资

20 世纪 90 年代，跨国公司实施全球化战略，为了更好地开拓国际市场，大幅提高海外研发投资。新加坡发达的金融、信息、交通、电信设施和中介服务机构为投资的跨国公司提供良好环境；政府赋予跨国公司研发机构法人地位；进一步明确了研发机构的功能和申请条件，并且尽可能地简化审批制度和审批手续；为研发结构制定较灵活的外汇管理政策，给予跨国公司特别税收优惠。一系列政策的实施吸引了大批跨国公司投资新加坡，许多知名企业纷纷与新加坡以加工贸易的方式进行研发合作。

（3）重视知识产权保护

在新一轮的国际技术转移中，东道国知识产权保护程度越来越成为跨国公司全球区位选择的一个重要因素。新加坡能够吸引大量跨国公司前来投资，以加工贸易方式参与并实现升级与政府制定的知识产权保护制度息息相关。新加坡在加工贸易从劳动密集型向资本密集型转型升级的时候先后颁布了《专利法》、《商标法》、《设计注册法》、《版权法》、《继承电路设计保护法》、《属地品牌保护法》等一系列法规，建立了完善的知识产权保护制度，并定期评估这些制度及相应的措施以确保时效性、有效性和充分性。同时一旦发现有知识产权侵权行为，将给予严厉的惩罚，这些措施为投资提供良好的法律保证。

6.3 我国台湾加工贸易转型升级的历程及经验借鉴

6.3.1 我国台湾加工贸易转型升级的历程

1949—1957 年这段时期内，台湾地区一直实施面向本土市场的进口替代战略，虽然在促进经济增长方面收到了一定的效果，但是以岛内消费为导向的进口替代战略因岛内市场狭小而出现产品过剩、经常账户赤字上升、经济增长率下降。而此时国际市场上日用品存在供不应求的现象，发达国家经济结构由于新技术革命所引起的劳动力成本上升等原因，面临着战略性调整。

为适应国际环境的变化，台湾当局审时度势，采取“进口—加工—出口”的出口导向型发展战略，大力发展加工贸易，以进养出，以出促工，通过对外贸易来带动整个经济的发展。1965年，台湾设立了第一个出口加工区——高雄出口加工区，由于投资企业众多，1969年，增设了楠梓和台中两个出口加工区，主要发展劳动密集型产业，如纺织、皮衣、电子装配等。20世纪70年代的两次石油危机导致的世界性的通货膨胀严重影响到台湾经济，物价、工资不断上升，生产成本不断提高。世界性经济危机使国际市场萎缩，各国纷纷采取措施限制进口。而东南亚一些劳动力成本更低的国家先后设立了出口加工区、经济特区发展劳动密集型加工贸易，使台湾劳动密集型产品国际竞争力逐渐削弱。同时美国等西方发达国家贸易保护主义抬头，岛内加工出口工业多年积累的贸易顺差和美国强大压力迫使台币迅速升值使台湾省的加工贸易雪上加霜。面对压力台湾当局及时调整了加工贸易发展战略，把重点发展劳动密集型产业转向重点发展知识技术密集型产业，颁布了《产业升级条例》，鼓励加工贸易企业采取自动化的生产技术，放宽加工贸易企业委托加工区外企业加工和内销的限制。

20世纪90年代，台湾加工贸易发展又进入了新阶段。随着国际分工的进一步深化，跨国公司全球生产体系日渐成熟，越来越多地在全球范围内配置资源，台湾抓住跨国公司全球产业转移的契机，积极融入到高新技术产业全球化分工体系中，大力发展高新技术产品加工贸易，促进加工贸易进一步向知识技术密集型方向发展。以信息产业发展为例，在全球个人电脑产业高速增长的阶段，台湾依靠为国际知名厂商做OEM生产，逐步在主机生产、IC设计加工等技术含量更高的产业环节建立起竞争优势，到现在已经成为拥有自己品牌和核心技术的全球信息产品生产的一个重要基地。

6.3.2 我国台湾加工贸易转型升级的经验借鉴

（1）根据世界经济环境变化及时调整产业政策

台湾地区外向型经济对世界经济环境的变化极其敏感，政府能够根据国际国内形势适时调整产业政策。在加工贸易发展初期，面临发达国家劳动力充裕的优势大力发展劳动密集型产业，而两次石油危机爆发后，台湾岛内物价、工资不断上升，生产成本不断提高，加上国际贸易保护主义抬头和东南亚各国劳动密集型加工贸易逐渐兴起，台湾地区劳动力优势逐渐减弱。在这种经济形势下，台湾当局及时颁布了《促进产业升级条例》（1991），鼓励加工贸易企业采取自动化的生产技术实现升级，并且抓住跨国公司全球化产业转移的机遇，在税收等方面制定了优惠政策以吸引高科技产业到加工出口区开展加工贸易，使得加工贸易进一步向技术密集型转变。进入 21 世纪，为了顺应“新经济”的发展，台湾当局实施颁布了《知识经济发展方案》（2000）、《挑战 2008 年国家发展重点》（2002）和《服装业行动纲领及行动方案》（2004）等经济规划，提出大力发展知识经济型服务业，这为台湾地区加工贸易产业结构的进一步高度化又创造了良好的政策环境。

（2）重视发展高新技术产品加工贸易

在台湾加工贸易转型升级的过程中，高新技术产品加工贸易起了巨大的推动作用，台湾加工贸易企业正是抓住有利时机积极融入高新技术全球生产体系中，才实现了劳动密集型产品向技术密集型产品的转型。为了吸引跨国公司投资，台湾地区为在台湾设立研发中心的跨国公司提供财政津贴并放宽雇用中国大陆专业技术人才的条件。并于 1999 年正式公布执行《科学技术基本法》。台湾充分利用科技发展的新成果促进高等院校的教育与研究，鼓励民间积极投资研究项目，以有效地培养人才。并且采取吸引人才和培养人才相结合的措施，为高新技术加工贸易发展提供强大的人才和智力支持。

（3）实施委托加工制度，鼓励岛内采购的发展

在台湾加工贸易发展初期所需机器、原料、零部件几乎全部依赖进口。随着加工贸易的发展，当局逐渐意识到岛内采购可以使区外厂商分享到经济成果，增强岛内联系。因此，当局以优惠的政策鼓励区内厂商在岛内采购，积极吸引外资企业与岛内中间产品供应商合作，技术人员通过举办管理技术观摩或改进其生产技术帮助他们提高产品质量以带动岛内工业的发展与技术层次的提升为加工贸易发展提供支持。

（4）重视国际物流业的发展

随着加工贸易的飞速发展，对台湾国际物流配送需求大幅增长。20 世纪 70 年代，台湾当局大力推行“十大”建设，进行高速公路、机场与港口的建

设，打通了台北、高雄两市交通，为国际物流的发展提供了良好支持。进入20世纪80年代台湾完成工业化之后，“经济部”着手推动流通自动化，将自动化扩展到物流领域之中。近年来，受“亚太营运中心计划”的推动，台湾在高雄、台中港区以及其附近区域，设置以海空联运为主轴的仓储转运专区，以带动邻近地区的通信、金融、研发等实施服务型产业的发展。可以说发达的国际物流业为台湾吸引跨国公司服务外包、研发投资、原材料采购等提供了一个良好的环境支持，是加工贸易转型升级必不可少的重要条件。

第7章 国际产品内分工下我国加工贸易转型升级的途径

加工贸易的转型主要是加工贸易向一般贸易的转化。与一般贸易相比，加工贸易有其自身的特点：就贸易的流向来看，在一般贸易中，一次贸易的流向是单向的，即一个商品要完成贸易只需要单向地流动一次，而加工贸易的流向是双向的，要经过往返两次才能完成。就使用的资源来看，加工贸易中使用的本国资源较少，而一般贸易使用的本国资源较多。加工贸易作为一种贸易方式起步，是一国利用国内资源在本国生产参与国际分工向一种利用国内外资源在国内加工配套参与国际分工的方式转化。在此基础上，国外资源的比重逐渐减少，国内资源配套供给的投入抓紧扩大，出现两种趋势，一种是国内投入规模与种类增加，另一种是深加工结转的趋势加大，国内配套能力增强。在其加工贸易中进口替代最终引起质变是加工贸易向一般贸易转化，当国内企业掌握了先进的技术并利用国内资源进行生产后，要么直接转化成一般贸易，要么分离出一般贸易。

加工贸易升级主要是指在更高层次上开展加工贸易，产品内分工条件下加工贸易的升级就使企业从加工纯粹劳动密集型产品或低端环节嵌入产业的全球价值链，并不断向产业链的高附加值环节延伸，最终实现产业链产业（产品）区域和主体的全面升级，从而在国际分工中占据有利地位。

7.1 产业链升级

如图7-1所示，产业链由“产品研发→零部件生产→组装→销售→品牌”五大环节组成。产品研发和品牌环节附加值最高，零部件生产和销售环节次之，组装环节附加值最低。品牌和研发往往具有垄断性，是竞争优势的来源。因此跨国公司通常为保持竞争优势而将这些环节限制在公司内部，同时为了集中优势资源，降低生产成本，将附加值低的组装环节转移到拥有丰富廉价劳动力的发展中国家。因此，我国以劳动力比较优势参与了附加值最低的组装环节。

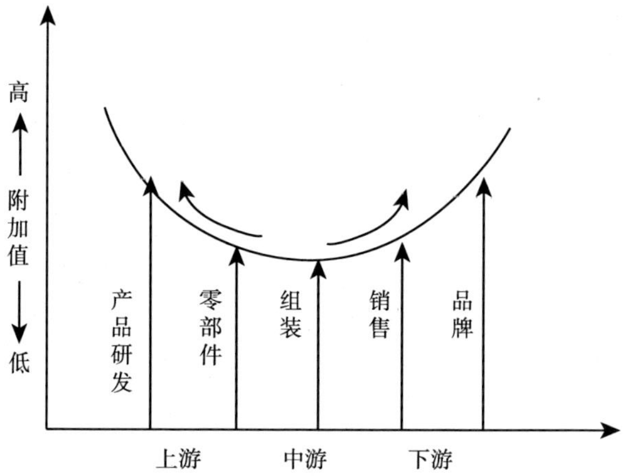

图 7-1　产业微笑曲线

我国加工贸易必须走“简单组装→复杂组装→零部件生产→产品研发→销售→自主品牌”的产业链升级道路，即图 7-1 显示的从中间向两端延伸。但这一层次的升级必须正确认识两个问题。第一，制造业不等于制造，许多劳动密集型产业如纺织品、鞋类、服装等的产业链中同样具有高附加值的研发和品牌环节；劳动密集型产业不等于没有出路，况且我国剩余劳动力富余的现实决定了很长一段时期内我国不能放弃劳动密集型产业，只要坚持从产业链中间向两端升级，让高附加值的环节发生在国内，就不会出现“贫困性”增长的现象。第二，高新技术产业并不等于高收益。高新技术产业链同样有劳动密集型环节，尽管我国高新技术产品加工贸易不断增加，但固守在加工组装的劳动密集型环节，并不会改变加工贸易的现状。因此，从劳动密集型环节嵌入跨国公司的全球价值链，以“边干边学”的方式沿着价值链上下游延伸，发展自主知识产权和自我品牌，完成产业“蜕变”，才是我国加工贸易的发展之路，才能改变加工贸易中外商直接投资的“无根性”，促进可持续发展。

7.2 产业升级

产业升级就是产业结构优化，不断降低劳动密集型产业在加工贸易中的比例，增加资本、技术密集型产业比例。用微笑曲线来描述，就是从产业链 1 跳跃到所有环节附加值更高的产业链 2（见图 7-2）。近年来我国加工贸易的产业结构改善仅仅意味着开始进入资本/技术密集型产业链的最底端，沿着最底端向两边延伸的任务还很艰巨。

国际产业转移有其规律，一般按劳动密集型到资本/技术密集型再到高科技产业的次序转移，因此我国加工贸易要实现产业升级必须及时引导，特别是抓住当前以 IT 产业为主导的高新技术产业转移的机遇，实现加工贸易向高新技术产品为主导的方向转变，从而推进我国工业化和信息化的发展。根据产品生命周期理论，一些高科技产业在产品的研究开发阶段是技术密集型，到了第二、第三阶段，产品技术优势丧失而成为资本密集型，到了第四阶段则变成劳动密集型，符合我国资源要素禀赋。因此我国要敢于嵌入跨国公司高新技术产业的劳动密集型环节，再推动产业链的升级，从而向自主研发和品牌发展。

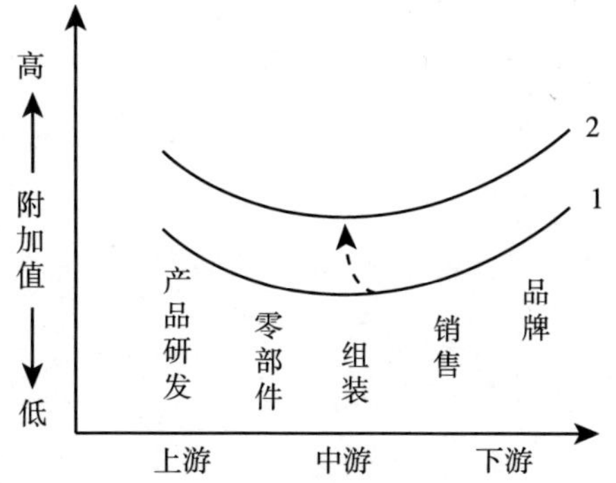

图 7-2　产业微笑曲线的跳跃

7.3 区域升级

小岛清的理论建立在要素禀赋理论的基础上，从日本国际产业转移的实践中总结出：FDI 应该从具有相对劣势的产业开始，FDI 接受国可以巩固该产业的相对优势。这种产业转移帮助重组劳动国际分工，以互补的形式创造和增加了国际贸易，并且因为相互间的技术差距更小，从边际产业和边际企业开始转移更容易和更具有效率。这一理论同样适合我国东西部之间的产业转移，因此我国东部应该将渐渐失去优势的劳动密集型产业向中西部转移，这样既可以腾出资金和较高素质的劳动力发展高新技术产业，又可以让中西部丰富的劳动力资源转移到劳动密集型加工贸易中来。区域升级就是指加工贸易逐步向内地转移并逐步实现加工贸易区域间合理分工和多元化，这意味着中国经济更大范围地融入全球生产网络。

我国加工贸易的区域升级包括两个方面（见图 7-3）：一是东部劳动密集型、低附加值的加工贸易向中西部地区转移；二是东部加工贸易向高附加值的资本/技术密集型产业转化。产业转移是产业结构调整的有效手段，东部加工贸易产业结构的提升主要考虑承接国际产业转移，而西部也应该将产业提升建立在东部产业转移的基础上。而西部加工贸易的承接是否成功决定于：能否具备优良的投资环境和一定的产业基础；能否适应加工贸易的发展要求，

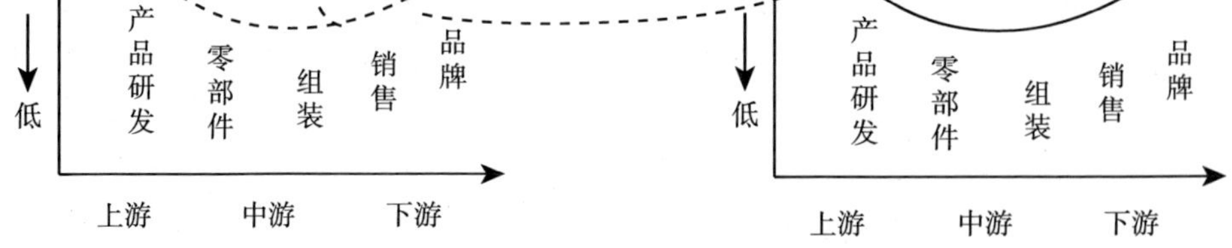

图 7-3　产业微笑曲线的地区升级

转变政府职能；能否在考虑东部产业转移的基础上选择合理的主导产业；能否有效学习东部发展加工贸易的经验，结合西部的优劣势制定合理的加工贸易政策。

7.4 主体升级

加工贸易企业许多是 OEM 企业，这些企业应该沿着 OEM-OBM-ODM 的路径升级。OEM（Original Equipment Manufacture），英文原意是原始设备制造商，在我国又被称之为“贴牌生产”、“代工生产”、“委托生产”、“定牌生产”，是产品生产者生产出的产品贴上委托方的商标出售的一种经营模型。ODM（Original Design Manufacture）原始设计制造，是指拥有设计能力的受托方企业按照品牌制造商的需求和授权，自主设计制造加工产品，代工企业除了承担产品的制造活动外，也进行产品加工组装和产品设计等活动。OBM（Owned Brand Manufacture）自由品牌制造，是指制造业不仅进行产品深度加工组装和设计活动，还拥有自己的品牌，并且品牌具有国际市场竞争力。

许多学者对 OEM 企业转型升级路径进行了研究，Hobday（1995）、Kaplinsky 和 Morris（2001），胡军、陶锋（2005），朱钟棣、罗海梅（2005）等，然而不管是从技术能力吸收或发展阶段角度，还是从对品牌运作能力的建设，或是基于新加坡、中国香港和中国台湾企业发展已有的经验来看，普遍认为 OEM-OBM-ODM 是 OEM 企业转型升级的途径。

借鉴胡军、陶锋、陈建林（2005），企业转型升级的途径可以细分为以下三种：第一种，走技术路线，从 OEM 转型到 ODM，即 OEM 企业通过学习委托方的先进技术与管理经验不断提升研发能力、品牌管理能力以及工艺流程控制能力，以争取国外厂商和中间商的 ODM 订单；面对激烈的市场竞争，委托方也会在降低经营成本的压力下，将部分与生产组装密切相关的零部件采购、工艺设计、售后服务等功能交给 OEM 企业；OEM 企业也逐渐参与委托方的研发与设计工作，学习对方的成功经验，逐渐转变为 ODM 企业；第二种，走品牌路线，从 OEM/ODM 转型到 OBM。即 OEM 企业对市场、产品和委托者的要求有较多了解，能够完成研发设计、工艺安排、市场开发、品牌推广和销售服务等环节，或控制上述每一个环节；第三种，走多元化路线，进入更具有增值潜力的行业。通过价值链的横向跨越可以避免订单过度集中，减少业务风险，这同时有利于企业从收益低、前景不好的产业链跨越到另一条收益高、前景好的产量链（见图7-4）。

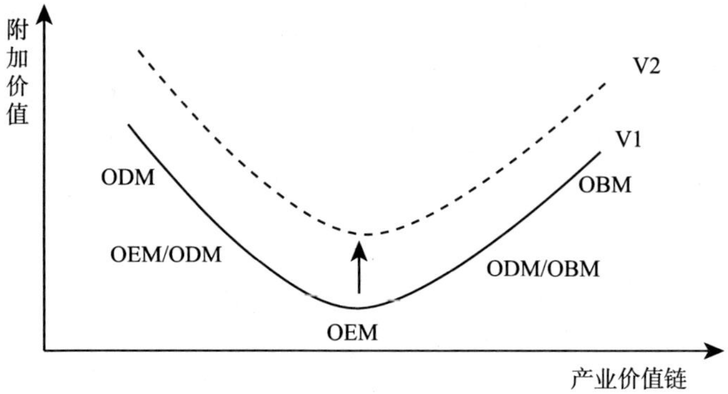

图7-4 OEM企业转型升级路径

加工贸易转型升级应使加工贸易由外商投资企业为主导逐步向国有企业、私营企业广泛参与的多极化方向发展，最终实现国内企业主导。因为外资企业全球配置资源和利润汇回母国的特性始终存在，随时都有向海外转移的可能，如果国内企业没有参与加工贸易的有效升级，我国运用加工贸易带动国内产业提升的目标就无法实现。在参与全球价值链的劳动密集型环节后，国内企业可以沿着“一般供应商—主要供应商—合同制造商—品牌领导者”的路径不断攀升，最终实现产业链的“蜕变”，成为加工贸易的主体。

7.5 培养产业集群

产业集群可以让企业从三个方面获益：第一，外部规模经济和范围经济，使生产成本大大降低；第二，空间上的接近使彼此之间非常熟悉，容易建立稳定的信任关系，加之运输距离短，降低了企业之间交易费用；第三，信息的流通促进知识和技术的扩散，激励创新。因此，产业集群趋向于使产业链的每一环节的附加值得到增加，整个微笑曲线向上移动（见图7-5）。

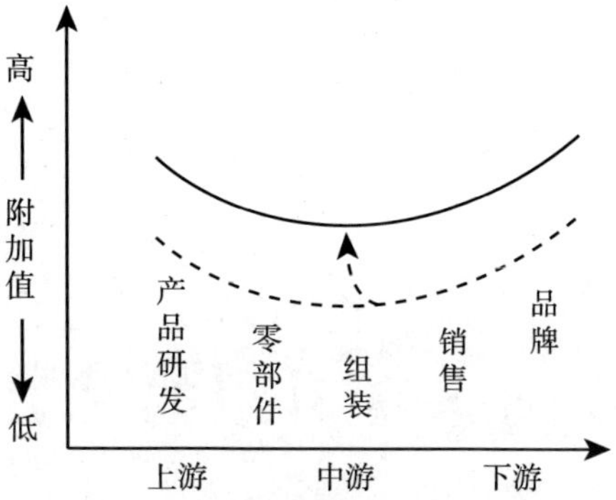

图 7-5　产业微笑曲线的移动

可以通过以下步骤有意识地培养加工贸易产业集群：第一，选择具备产业基础和创新环境的地区，制定加工贸易产业发展政策有意识地引导相关产业进入；第二，为产业集群营造一种产业发展所必需的空间环境，包括提供现代化的基础设施、便利的交通和通信设备，促进区域内企业之间以及企业与科研机构间的长期合作，提供金融支持，建立自由的人才市场、成立地方行业协会等；第三，吸引跨国公司特别是将配套企业一并转移的大型跨国公司进入；第四，增强当地配套生产能力，建立供应链体系，完善科研和物流设施。我国加工贸易发达的浙江、广东都已经形成一批产业集群，比如广东东莞的电子信息产品产业群、浙江绍兴的纺织印染产业群、浙江永康的五金机械产业群等。尽管“两头在外”并且处于整个产业链条中最低端环节，但由于紧紧抓住国际产业链的制造环节不放松，逐步实现了“制造优势→市场优势→技术优势→产业集群优势”的转变。

第8章　基于产品内分工的我国加工贸易转型升级的对策研究

加工贸易转型升级是一个自然发展的过程，我国加工贸易的发展经历了从“三来一补”到“进料加工”，从“两头在外”的作坊到外商投资企业为主体，从简单技术加工装配到机电、高技术产品加工贸易为主体的转换，这代表着我国加工贸易不断转型升级的轨迹。其转型升级的过程主要是靠市场这双无形的手起作用，但作为政府部门也不是无能为力，可以通过制定良好的政策和建立宽松的制度环境，起到助推器的作用。加工贸易转型升级是一项系统工程，促进加工贸易转型升级涉及产业、外资、外贸政策以及区域发展政策等多项政策，需要海关、工商、税务、外汇管理等部门的通力合作。

8.1 加强国家（区域）自主创新体系建设，提升技术创新能力

加工贸易转型升级需要提高自主创新能力，提高技术水平。为此，国家及各地区需要不断加强区域自主创新体系建设。由于各地区经济、科技、文化发展水平不同，各地区区域创新体系建设的具体内容和需要解决的关键问题也有所差异。但总体来看，国家（区域）创新体系建设要进一步培育以企业为主体的技术创新主体，建立科技成果转化为核心的创业投资体系，完善以科技中介机构为主导的创新服务体系，构建以优化环境为目标的政策法规体系，健全以科技人才和创业人才培养为重点的人才开发体系，这五个子系统彼此关联，相互影响，相互促进，共同构成国家（区域）创新体系建设的主要内容。

8.1.1 进一步培育以企业为主体的技术创新主体

企业是技术创新的微观主体，落实国家（地区）技术创新的最终政策。企业的技术创新意识、技术创新资源、技术创新能力对国家技术创新体系建设有重要影响。要积极引导企业增强技术创新意识，提高研发能力、信息应用能力，开发新技术，采用新工艺，把技术创新资金投入能力、科技人才集聚能力作为技术创新的主要内容，鼓励对产业有带动作用的重点企业、龙头企业高起点、高标准地建立研发机构，鼓励各类型企业之间的科学技术合作，最大限度地发挥技术溢出效应。

8.1.2 建立科技成果转化为核心的创业投资体系

科技成果如果不能转化为生产力，就不能发挥其应有的效益。促进科技成果的转化是国际（区域）自主创新体系建设中应当重点解决的问题之一，应该将科技成果转化列入区域创新体系建设的目标中。要通过开放式创新平台的建设、多主体平等参与的科技准入制度安排，将企业、保险公司、证券公司、基金、外国资本和个人等更多的投资主体吸引到科技创新领域，壮大资金投入力度，逐步建立以科技成果转化为核心的创业投资体系。政府要加强对现有科技创业投资公司的管理，不断完善以政策性创业投资为主体的创业投资机制，不断促进区域创业投资机构的发展，引导社会资金进入创业投资业；加大对创业投资联盟的支持力度，通过创业联盟吸引国内外创业投资机构来华开展业务；鼓励企业开展联盟融资、战略融资等多种融资活动；不断推荐具有资本优势的优秀企业进行合作；鼓励各类型科技创业服务机构进行投融资活动，尝试成立政策性风险担保公司；引导商业银行进入科技投融资体系。同时，要注意建立合理的风险分担机制，解决科技创新和科技成果产业化固有的风险问题；建立合理的创业投资约束机制，规范创业企业行为；建立合理的创业投资回报机制，吸引社会资金投向回报率高的创新项目和科技成果产业化项目；要形成合理的创业投资流动机制，使创业投资资金退出渠道畅通。

8.1.3 完善以科技中介机构为主导的创新服务体系

目前，我国各地区已基本建成了包括技术交易市场、生产力促进中心、高新技术成果转化中心、科技咨询中心、企业孵化器、技术评估机构、技术争议仲裁机构、金融服务机构、资产评估机构、会计师事务所、法律事务所和审计事务所在内的各种创新服务组织，但这些组织还不能满足企业技术创新的服务需求，为此需要进一步加强相关工作，具体如下。

（1）加快培育科技中介机构，加强专业化、社会化的技术服务平台

各地要依托高校、科研院所建立适应本地经济发展的生产力促进中心，增加生产力促进中心的个数，增加经费投入，不断提高生产力促进中心的科研实力、科技成果的转化能力和开展咨询服务的能力，并使其充分发挥服务地方经济的功能。

（2）提升科技孵化器和科技园区功能，完善科技创新平台

增强科技园区的创新服务功能，进一步加强创新创业孵化和招商引资功能。加强创业服务，解决科技人员创办企业中遇到的各类难题，增强创新服务能力。加强以专业技术服务为主要内容的基础平台建设。

（3）构建产业园区的创新、创业服务体系

要进一步发挥产业园区产业发展优势，有针对性地对产业园区共有的技术创新需求搭建公共技术服务平台，进一步加强产业园区的集聚能力，加快产业园区的发展，提升园区企业的市场竞争力。

（4）搭建技术要素交流平台

建设区域网上技术交易市场，加快科技成果库、技术需求库信息资源和技术交流平台建设，培育网上技术交易中介。健全网上技术市场的法规，建立相应的管理机构，并采取切实可行的措施使其发挥应有的功能。通过政策引导和人员培训，营造有利于科技中介服务机构的政策环境，培育一批中介服务机构的创业者。政府在培育各类科技机构的同时，要注意引导其向市场化转变。

8.1.4 构建以优化环境为目标的政策法规体系

法律政策体系决定着创新系统的绩效。许多国家和地区政府使用财政政策、

税收政策、政府采购、知识保护等一系列的法规政策来促进和协调政府、企业、高校和科研机构的技术创新活动，促进区域创新能力的提高。国家和地方也根据国务院制定的《国家中长期科学和技术发展纲要（2006—2020 年）》出台科技投入政策、金融税收政策、创新人才政策、知识产权保护和政府采购等方面的配套政策来促进区域创新能力的提高。

8. 1. 4. 1 科技投入政策

科技投入是国家科技持续发展的重要保障。着眼于提高国家竞争力，发达国家和新兴工业化国家都十分重视科技投入，尤其是 2008 年美国金融危机爆发后，发达国家为了尽快从经济危机中走出来，大幅提高科技投入。改革开放以来，我国科技投入不断增加，但是与发达国家和新兴工业化国家相比，我国科技投入的总量与强度仍然不足，投入结构也不尽合理。为此，必须大幅增加科技投入，改善科研条件，为完成科研提供必备的经济保障。具体而言，主要从以下几方面来提高科技投入。

（1）建立财政性科技投入稳定增长机制，优化财政科技投入结构

要大幅提高科研支出增长的比例和幅度，使之高于经济增长与财政收入增长幅度，改变科研支出占财政支出比例过低的局面，将有限的科研经费压缩到科技课题的研究；要重点支持基础研究、社会公益研究和前沿技术研究。合理安排科研机构正常运转、政府科技计划和科研条件建设资金。优化政府科技计划体系，明确支持方向，集中财力解决行业和我国经济发展中的重要科技问题。

（2）创新财政科技投入管理机制，提高科技经费支出使用效益

要进一步强化科研经费管理，对科研课题及经费的申报、评审、立项、执行和结果评估的全过程进行监管；建立评价财政科技投入效果的指标体系，科学考核国家和地区的科技投入水平；强化财政拨款资金的追踪制度，对科研项目论证、资金拨付使用效益进行评估，提高财政科技经费的使用效益；强化预算拨款制度，完善各级科技经费预算管理。

（3）鼓励企业增加投入，建立多元化的科技投入体系

鼓励企业大幅增加研发支出，鼓励有条件的大中型企业和高新技术企业建立研发中心，政府根据当地经济发展需要有重点地加以扶持，使之成为国

家或地方重点研发中心；加强企业与高校及相关研究机构的合作，实现产学研结合；引导企业根据自身特点和发展需要与国内外高等院校和科研机构建立长期、稳定的合作关系。

（4）加快建设科技风险补偿基金及其运作体制

科技资金运作有高风险、高失败率的特点，我国要尽快建成科技风险补偿基金以及运作体制、科技项目的贷款保险制度，分散投资风险，保护投资主体的供给能力。

8.1.4.2 自主创新的金融政策

金融体系和金融政策应该在推动区域自主创新和提高区域自主创新能力方面发挥作用。

（1）加强对中小企业自主创新的金融支持力度

要改善对中小企业科技创新的金融服务，商业银行要对创新活力强的企业予以重点支持；政府引导社会资金建立中小企业信用担保机构，建立信用担保机构的资本金补充和多层次的风险分担机制；政策性银行、商业银行和其他金融机构开展知识产权质押业务；支持保险公司发展企业财产保险、产品责任保险、出口信用保险、业务中断保险等险种，为高新技术企业提供保险服务。

（2）引导和鼓励政策性银行和商业银行支持自主创新

积极引导政策性金融机构对政府重大科技专项、重大科技产业化项目的规模化融资和科技成果转化项目、高新技术产业化项目、引进技术消化吸收项目、高新技术产品出口项目等提供贷款，给予重点支持。引导商业金融机构支持自主创新。利用基金、贴息、担保等方式，引导各类商业金融机构支持自主创新。商业银行对国家和省级立项的高新技术项目，应根据国家投资政策及信贷政策规定，积极给予信贷支持。商业银行重点支持有效益、有还贷能力的自主创新产品出口所需的流动资金，对资信好的自主创新产品出口企业可核定一定的授信额度，在授信额度内，根据信贷、结算管理要求，及时提供多种金融服务。

（3）加快建立支持自主创新的多层次资本市场

要积极利用资本市场，支持竞争力的自主创新企业上市融资；建立健全创业投资机制，完善相应的管理机制与运作机制，完善产权交易、兼并重组等资产流动机制，形成灵活的创业投资市场；逐步建立风险投资机制，发展风险投资公司和风险投资基金，建立与风险投资活动相配套的中介服务机构，规范风险投资的市场行为。

8.1.4.3 促进自主创新的政府采购制度

政府采购将在 WTO 政策允许的范围内，限制进口商品，保护国内产品，为本土企业争取市场竞争的缓冲。建立财政资金采购自主创新产品的制度；建立自主创新产品和高技术产品政府采购协调机制；对自主创新和高技术产品实行优惠采购。政府可以优先采购本国生产的具有自主知识产权的产品。放宽政府集中采购机构的受托范围，考虑将国有及控股企业采购自主创新技术及产品的采购项目纳入集中采购机构的受托范围。

8.1.4.4 完善知识产权保护制度

知识产权保护制度承认创新者知识产权属性，有利于保护创新者的利益，可以激励高等院校、科研机构研究人员创新的积极性。当前要做好以下几个方面的工作。

（1）进一步完善知识产权保护的激励机制

要进一步完善知识产权激励制度，设立知识产权转型基金用于支持补贴专利申请维护和奖励取得知识产权的科技人员。重奖技术水平高、对社会有重要贡献的知识产权所有者；设立高新技术产业风险投资基金，为经济效益好、有广阔应用前景的知识产权提供支持，将部分利润返还给技术发明者。

（2）增强企业知识产权的保护意识和保护能力

政府要通过舆论及其他途径引导企业和个人更加重视知识产权保护，取得知识产权后要及时申请，出口企业还应该在国外市场上申请。各级政府要积极采取有效措施，引导和推动国有企事业单位制定内部知识产权管理制度，使企事业单位知识产权保护与管理制度化、规范化，使一切可以获得专利等知识产权保护的技术，及时取得国内外专利权的保护，形成市场竞争优势，最大限度地减少转轨过程中因专利保护不充分、不及时而造成的高新技术流失。

8.1.5 健全以科技人才和创业人才培养为重点的人才开发体系

党的十七大报告指出："提高自主创新能力，建设创新型国家。进一步营造鼓励创新的环境，努力造就世界一流科学家和科技领军人才，注重培养一线的创新人才，使全社会创新智慧竞相迸发、各方面创新人才大量涌现。"

近年来国家十分重视科技人才，在人才培养工作中已取得了很大进展，然而需要进一步加强以下几个方面的工作。

（1）建立健全人才市场体系

要激活市场机制，不仅要构建人才市场，还要不断优化人才市场的结构，完善人才市场的功能，充分发挥人才市场在人力资源配置中的基础作用；健全公平机制，在市场人才资源配置的过程中，坚持能力和业绩导向，消除性别、年龄、学历、身份差别；优化筛选机制，既要规定招聘单位的用人标准、待遇及职责，同时也要规定其解聘的标准和权利，改变能进不能出的现象。

（2）建立健全人才资源开发公共服务体系

建设市场化的人力资源服务体系。打破行业、部门、地区和所有制界限，构建由行政协调、公共服务和社会中介三个层面相结合的社会化、网络化服务体系；收集人力资源信息，实现政府网站与人力资源政务信息网络的互联互通，完善人力资源信息的发布机制，及时发布人力资源需求以及求职人员信息；政府发展多层次、多种类的人才市场和中介服务结构，对服务中介进行有效监管。

（3）建立健全人才资源开发保障体系

要意识到人才资源应当适度超前进行，逐步加大发展性投入用于人力资源开发的比例。政府要加大教育经费投入，优先安排教育经费，保证教育经费稳定增加，抓好基础教育的同时，加大高等教育的投资比例，加大高等教育中用于科学研究的经费比例；要建立和完善多层次社会保障体系，加快建立柔性流动人才社会保障制度、失业人员最低生活保障制度、企业经营管理人员风险保障制度以及高级优秀人才补充养老保险、医疗保险和医疗保健制度，逐步建立统一的社会保障体系。

8.2 提高外商直接投资的档次，发挥技术溢出效应

许多外商直接投资企业是从事加工贸易的，外商投资企业是我国加工贸易的主体，加工贸易转型升级离不开外商直接投资作用的发挥。前文的实证结果表明，外商直接投资对中国加工贸易转型升级有显著的负效应，外商直接投资对中国加工贸易的正向作用没有得到很好的利用。在当前形势下，做好以下几个方面的工作，有利于中国加工贸易转型升级。

8.2.1 提高利用外商直接投资的质量

（1）吸引外商直接投资要着眼于产业转型升级

吸引外商直接投资要与当地经济发展战略密切联系起来，着眼于本地产业转型升级。东部沿海地区工业由制造向创造转变，生产型制造向服务型制造转变，由粗放型向集约型转变；按照高端化、集约化、服务化的发展方向，推动三次产业融合发展，加快构建现代服务业为主体，战略性新兴产业为引领，先进制造业为支撑的新兴产业体系。因此应该积极引导外商直接投资进入服务业，与当地战略性新兴产业的发展相联系。

（2）引进外资要与“两化融合”结合

“两化融合”将使传统制造业发生转变：一是促进绿色制造，注重产品环境属性，包括工艺规划、材料选择、产品包装回收处理等；二是形成智能制造，基本特点是整个生产线全自动化，生产效率显著提高，终端制造能力增强；三是服务型制造，生产性服务引领制造过程与客户消费过程，制造商与服务供应商的密切结合。外商直接投资应当适应这种变化。

（3）引导外商直接向中西部地区投资

国家应出台相关政策鼓励外商直接向中西部地区投资，在中西部地区产业结构调整与升级中发挥作用，积极参与当地战略性新兴产业的发展。

（4）利用外商直接投资要注意形成新优势

改革开放初期，我国主要凭借劳动力和土地等要素的成本优势、优惠政策、稳定的投资环境吸引外商直接投资。经过 30 多年的发展，我国的经济形势和贸易环境均发生了很大变化，我国劳动者素质明显提高，高素质人才数

量大幅增加，在人力资本方面有了比较优势，对高成本型外资形成吸引力。在美国金融危机、欧洲债务危机爆发后，发达国家经济增长放缓，我国广阔的国内市场优势凸显，对市场型投资形成较大的吸引力。此时，要注意形成新优势，有选择地接受外商直接投资。

8.2.2 加大对大型跨国公司的吸引力度

跨国公司在华投资初期的主要内容是把组装加工环节转移到劳动力成本低廉的中国，也就是把“微笑曲线”中附加值最低的部分转移到中国。随着跨国公司为建立新的竞争优势而在全球范围内进行的新一轮资源配置和生产要素的整合，其在华投资的企业价值链结构和产业结构也都发生了深刻变化，其中最主要的就是跨国公司在华加大了在价值链上游研究和开发环节的投资。基于新一轮全球生产要素优化重组和产业转移呈现的新特点，即跨国公司开始将内部服务业和研发中心向外转移，我国要鼓励企业加强国际间的科研合作，不仅要把加工贸易作为承接新一轮产业转移的载体，更要采取措施进一步提升加工贸易发展水平。我国要把改善外商投资软环境作为重点，进一步完善吸引外商投资的法律法规，引导跨国公司把“微笑曲线”的左端移入。

跨国公司是当今世界经济发展的主要推动力量，在加工贸易领域中保持着强大的优势，控制着全球加工贸易的发展方向。鼓励外商投资企业把“微笑曲线”的左端移入，首先应该加大对大型跨国公司的吸引力度，尤其是技术力量雄厚、规模大、拥有尖端技术产品的欧美跨国公司。经营规范的跨国公司对投资环境，尤其是软环境的要求是非常高的，这就要求我们进一步营造一个有利于外资进入的投资环境。

（1）要加紧在我国建立统一、完整的鼓励、保护、促进外商投资产业发展的法律体系

要不断对《中华人民共和国外资企业法实施细则》进行修订，对采用先进技术和设备，在我国设立研发机构从事新产品开发的外资企业实行一系列鼓励措施，改善外商投资环境；对在我国投资重点产业的外资企业也要采取鼓励政策。重点产业的标准之一是具有较大的产业关联度，属于高效益、高附加值和低能耗的产业，鼓励这类投资可较大范围地吸收直接投资的技术扩

散与外部辐射效应，加快积累产业升级的潜能；另一标准是代表未来经济发展和竞争实力的行业，这些行业又恰恰是最具有外部经济效应和学习效应的，这些行业的投资者通常是拥有专利技术和专利产品的垄断者，其产品大多数来源于创新技术，引进这类投资将缩短我国与世界强国的技术差距。

（2）要进一步开放加工贸易投资领域

我国对于外商投资高新技术领域的限制很高。在关于外商投资产业指导目录中，鼓励类、限制类产业都存在着要求中方控股、不允许外商独资的项目。如航空航天工业中，鼓励外商投资的十个领域中就有五个明确要求必须由中方控股。而在这些领域中，外资企业都有很大的优势。今后我们要逐步开放更多的高新技术投资领域，健全和规范外商投资信息产业的政策，放宽外商投资高新技术领域的股比限制，对一些中方明显无竞争实力的项目应该允许外方占大股，允许外方全部以技术、营销、管理等要素折价入股；加大对外商投资高新技术企业的金融支持力度，吸引更多的跨国公司为我国的经济发展服务。

（3）要努力提高国内加工贸易产业的技术水平

通常情况下，在加工贸易中，跨国公司只向东道国转移适用性技术，转移技术水平等同于或略高于国内先进技术水平。而“微笑曲线”左端主要是产品的研究与开发、新产品设计和模块零部件，其对东道国的技术水平要求是非常高的。我国加工贸易企业的技术水平达不到跨国公司的要求，就无法为其生产模块标准件，更无法参与到跨国公司的研发设计中。因此，今后要加快提高我国加工贸易企业的技术水平，早日建立起跨国公司的国内配套产业；逐步参与到外商投资企业的研发设计中，使得“微笑曲线”左端全面移入我国。

8.2.3 鼓励外商投资企业在华设立科研开发中心

近年来，随着加工贸易的不断发展、竞争压力的增强和投资环境的改善，大型跨国公司越来越重视在华设立研究开发机构，从事技术开发。爱立信、英特尔、惠而浦、富士康等知名的跨国公司都已经在我国建立了研发中心。这些研发中心主要集中在北京、上海、广东、江苏和天津等外商投资集中的地区，从整体上提高了我国的研发水平。但是也应当看到，跨国公司在我国研发投资基本形式目前仍以附属于企业的科研机构为主，技术开发与本企业的生产紧密相连，职能主要是开拓其产品在我国的消费市场，以求迅速回收技术投入，短时间内取得最大利益；而独立于生产企业之外的、以研究公司长期发展所需要的关键技术为目标的研发中心却寥寥无几。形成一定的自主开发能力是一个国家工业实力的真正体现。因此，我们在鼓励外商投资的同时，还应特别鼓励并重视发展外商在华设立独立的研发机构，鼓励以加工贸易方式同跨国公司进行研究和生产领域的合作。

8.2.4 要提高研发机构研发活动的档次

在继续吸引新的跨国公司研发机构的同时，还要提高外资研发机构的档次。一是鼓励跨国公司整合其在华的多个研发机构，形成在其母公司中地位更高的海外研发机构，例如，爱立信整合其在华的六个研发机构，形成爱立信中国研发总院，从而全面提高了爱立信在中国的研发水平；二是要鼓励在华外资研发机构从事水平更高的创新性研发活动，从目前以针对中国市场的适应性、专门性研发活动为主，变为更多地从事供母公司在全球市场应用的创新性研发活动；三是要大力加强知识产权的保护，否则跨国公司不会愿意在华开展更高水平的研发活动；四是加强统一的国内大市场建设，鼓励市场竞争，因为市场竞争是推动企业技术进步最强大的动力。

8.2.5 要下大力气加强跨国公司研发机构的溢出效应

引进跨国公司本身不是目的，最终目的是充分发挥研发机构对我国经济的带动作用。因此，要加强以下几个方面的工作：鼓励并规范研发人员的合理流动；鼓励跨国公司与我国企业和科研教学机构建立联合研发机构；加强本地配套企业与跨国公司的合作，充分利用跨国公司的技术力量提高配套企业的技术水平；鼓励跨国公司研发机构与本地科研机构在基础技术、技术信息等方面的交流；鼓励跨国公司研发机构与本土机构联合承担研发课题；完善技术交易市场，便于研发成果的扩散。

8.2.6 提高本土企业吸收能力

一要提高本土教育与科研水平；二要针对市场需求改革教育，培育适应市场需要的人才，印度培育高级 IT 人才形成 IT 研发机构的经验可资借鉴；三要加大政府对研发的投入力度；四要提高本土企业研发能力；五要通过设立风险基金、发展创业资本市场等手段，繁荣本地创新活动；六要加强知识产权保护，为社会营造一个良好的知识创新环境。

8.3 实现 OEM 企业转型升级

企业是微观经济主体，我国加工贸易转型升级离不开加工贸易企业的转型升级，目前我国加工贸易企业存在竞争力不强、缺乏自主品牌等问题，要实现升级需要多方面的努力。

8.3.1 认识商业模式差异，培育新的核心竞争力

企业的商业模式要发生根本性的变化，根据实际是要及时培育新的核心竞争力。这种变化可以概括为三个基本方面：①承做 OEM 业务所面对的是产业市场（ business market)，属于企业对企业（ B to B）的经营模式；而开展 OBM 业务则要涉足消费者市场（consumermarket)，属于企业对消费者（ B to C）的经营模式。②承做 OEM 业务的关键在于满足个别组织性客户的需求；而开展 OBM 业务则需要企业花大力气理解不同国家或地区的不同文化，研究不同社会习俗及营销方式，需要对消费者不同的反应作出及时调整。③承做 OEM 业务的重心在于内部工厂生产效率的提升，生产能力或产品能力是企业价值链结构中最大的创造价值活动；而开展 OBM 业务的重心则是外部市场效能的达成，营销能力成为企业价值链结构中最大的创造价值活动。这就要求企业在新的领域内投资形成新的竞争力。

8.3.2 实行双轨制，避免订单流失

企业要采用双轨制，即在向 OBM 转型的同时保留部分 OEM/ODM 业务，并用承做 OEM/ODM 的利润来弥补品牌营销所需要投入的巨额费用。要尽量

避免贴牌与创牌之间产生正面的利益冲突，需要自创品牌的产品必须与贴牌产品在定位上有所差异，或者针对不同的地理区域分别采取 OEM 或品牌营销策略。

8.3.3 培育创新能力，占领市场竞争制高点

良好的技术条件不仅是从 OEM 转型到 ODM 的先决条件，更是跃升为国际品牌的重要基础。通过技术创新，生产具有自主知识产权的产品，产品具有差异性，才有可能占领市场竞争的制高点。为此，必须注意在开展 OEM 业务的过程中强化与委托方的合作关系，积累产品创新知识，不断提高承做 ODM 业务的能力；从承做 OEM 业务的赢利中拨出一定比例的资金投入研发，把有限的资源放在培育技术创新的关键环节上，确保产品质量和功能指标达到同行的前列；条件允许的情况下在国外设立研发机构，以随时跟踪和把握最新的技术趋势。

8.3.4 规划品牌架构，建立国际化品牌识别体系

当企业品牌准备进军国际市场时，需要从国际市场出发对品牌识别体系（ brand dentity）进行全新的规划和整合。需要对品牌名称（ brandname）、品牌标识（ brandsymbol）、品牌人物（ brandcharacter）、品牌口号(brandslogan)和品牌短歌（ brand jingle）等予以改进或再设计，也需要对品牌战略进行重新选择或再定位。品牌名称是品牌识别系统中的最基本要素，是品牌中可以直接用语言表述的内容；品牌标识是品牌中可以用来识别但不能用语言表示的部分；品牌人物是一种特殊的品牌符号，代表一种人性或真实人生的特征；品牌口号是企业与消费者对话时描述性或说服性的短句，是强化品牌定位和凸显差异化的利器；品牌短歌是以一个品牌为中心的简短音乐信息，它是一种以间接而抽象途径表达品牌性格和感情的口号。总之，品牌作为一个具有综合文化象征的符号集合，识别系统的建立应以品牌价值为核心，注重各品牌要素之间的相互协调和配合，才能更好地创造和传递一致而独特的品牌形象。

8.4 加快高新技术加工贸易的转移

近几年来，随着我国投资环境的日趋改善，尤其是经济体制和外商投资

管理体制的改革，增强了外商在华投资的信心，高新技术加工贸易也迅速发展。目前我国大多数外商投资加工贸易企业虽然生产高新技术产品，但主要是通过进口机器设备、元件从事加工、组装业务，仍停留在产品的最终环节，对国内相关产业带动作用有限；资本密集型的物化技术多，软技术少，企业自身的科研开发能力比较弱是事实。因此，如何从政策的角度去引导外商投资高新技术加工贸易企业，使之发展成为真正的高新技术企业，是我国面临的紧迫任务。

8.4.1 要在国家相关政策上给予外商投资引导

我国应该尽快调整《外商投资产业指导目录》和《当前国家重点鼓励发展的产业、产品和技术目录》，对于鼓励外商投资从事的产业进行细化，而不是现有的笼统的规定。如《外商投资产业指导目录》和《当前国家重点鼓励发展的产业、产品和技术目录》中，应该列出国家鼓励外商投资加工贸易的具体行业，如半导体、元器件专用材料开发和生产，软件产品开发和生产，大中型电子计算机、便携式微型计算机、高档服务器制造，以及大容量光、磁盘驱动器及其部件开发与制造等这些高新技术产业。另外，属于鼓励类的项目应该免征研发和生产使用设备进口关税、进口环节增值税，享受一系列鼓励外商投资企业的优惠政策；而且鼓励类项目审批不受行业部门的限制，地方政府部门拥有审批权，只向国家有关部门进行备案便可。这样将使外资高科技项目进入我国更加便利。

8.4.2 要在国家税收上给予高新技术企业优惠

对《外资企业所得税法》、《外资企业所得税法实施细则》中关于外商投资的高新技术加工贸易企业的所得税规定作出调整，在纳税额度上给予一定的优惠，如①在国务院确定的国家高新技术产业开发区设立的被认定为高新技术企业的外商投资企业，自被认定为高新技术企业或新技术企业之日所属的纳税年度起，按照比其他一般外商投资企业更优惠的税率缴纳企业所得税；②对被认定为高新技术企业的外商投资企业，经营期在 10 年以上的，经企业申请，当地税务机关批准，从开始获利的年度起，可以酌情减免所得税，如第一年和第二年免征所得税，第三年至第五年减半征收所得税；③在国务院确定的设在沿海经济开发区（包括经济特区、经济技术开发区所在城市的老市区）内的国家高新技术产业开发区，被认定为高新技术企业的外商投资企业，如果同时经营技术密集型、知识密集型的项目，或者是外商投资在3000万美元以上、投资回收时间长的项目，可报经国家税务总局批准后，仍按沿海经济开发区的税收优惠政策执行，缴纳企业所得税；④被认定为高新技术企业的外商投资企业，同时也是产品出口企业的，可以依照税法规定执行产品出口企业的税收优惠政策。

8.4.3 建立与国际接轨的投资税收抵免制度

投资税收抵免制度是指政府规定纳税人对可折旧性资产投资，可由当年应交企业所得税税款中扣除相当于新投资设备的一定比例的税款，以达到减轻税负鼓励投资的目的。实际上，投资税收抵免相当于政府对私人（企业）投资的一种补助和津贴。投资税收抵免制在发达国家甚至发展中国家都是一种普遍实行的鼓励投资制度，但我国直到1997年7月1日才开始引入，而且我国实施这一制度的规定范围过窄，限定条件过多，优惠政策过少，作用也有限。因此，我国目前急需全面建立投资税收抵免制度。①应扩大投资抵免的适用对象，包括技术含量高的投资、引进先进技术的投资、达到一定数额（如100万元）的新投资、创造新的就业岗位达到一定数量的投资、治理污染的投资、开发和节约能源的投资、符合国家鼓励投资项目的投资等。②规定抵免额不应超过当年应纳税额的一定比例（如50%），当年未能完全抵免的可后延5年连续抵免。

8.4.4 改善以外资为主体的高新技术产品加工贸易格局

当前，外资企业在我国高新技术产品加工贸易中占绝对地位，要积极鼓励内资企业参与高新技术产品加工贸易。

（1）大力促进民营高科技企业的发展，鼓励其参与加工贸易

在我国高新技术企业出口中，国有企业的表现要好于民营企业，虽然当前民营企业所占的比重不高，但是发展势头强劲，政府应该制定相应的经济

政策引导和扶持民营高科技企业的发展。

（2）创造公平的竞争环境

实行国营、民营和外资企业同等的国民待遇，共同发展，促进内资加工贸易企业的快速增长。

8.4.5 培育以市场为导向的新型高新技术产品加工贸易企业

要建立新型的高新技术产品加工贸易企业，应促使企业按照国际标准、市场需求和营销惯例来组织生产经营活动，推动技术进步，并促进企业运行机制逐步向国际规范的方向转变，最终建立起适应国内外两个市场的体制。

8.5 发展服务加工贸易

制造商与服务商的分离或者制造商服务分支机构的全球配置是以出口为导向的服务加工贸易，已成为当前重要的商业模式。目前，大批外资企业尤其是跨国制造业企业进入中国，为我国发展服务加工贸易提供了条件。我国已成为世界信息中心，有发展服务加工贸易的基础，但是后续发展服务加工贸易，促进加工贸易转型升级还需要做好以下工作。

8.5.1 重视生产性服务业的发展

1975 年，美国经济学家布朗宁和辛格曼（Browning & Singelman）对生产性服务业的概念进行了完善。生产性服务业是指为保持工业生产过程的连续性，促进工业技术进步、产业升级和提高生产效率提供保障服务的行业。它是与制造业直接相关的配套服务业，是从制造业内部生产服务部门独立发展起来的新兴产业，本身并不向消费者提供直接的、独立的服务效用。它依附于制造业企业而存在，贯穿于企业生产的上游、中游和下游诸环节中，以人力资本和知识资本作为主要投入品，把日益专业化的人力资本和知识资本引进制造业融合的关键环节。

（1）强化宏观政策的导向作用

发达的生产性服务业可以使制造业企业集中精力进行技术与生产环节的研究和改进，形成巨大的制造业综合实力，从而有利于总体经济实力的增长。

然而生产性服务业发展到一定规模后容易造成市场垄断，部分国有生产性服务企业凭借制度形成垄断而不利于生产性服务业效率的提高。因此政府要强化宏观政策的导向作用，为生产性服务业的发展营造良好的宏观环境；要建立公开、平等、规范的行业准入制度，除国家法律、行政法规有明确规定外，任何部门和单位不得设置企业登记的其他条件；积极推进产业标准化工作，提高服务质量，规范服务行为。

（2）各地区间有差别的生产服务业

中国地区之间经济发展水平不平衡，各地区应根据自身经济发展水平和发展特点有步骤、有重点地推进生产性服务业发展。

东部地区大部分省市已处于工业化阶段，在此阶段随着制造业企业规模的扩大、高新技术的发展，企业内部不断分离出服务项目，例如广告、咨询、物流等服务业发展迅速，应加大力气发展生产性服务业。以上海为中心的长三角地区可以以金融和会展为发展重点，多方面采取措施进一步强化国内金融中心、贸易中心的地位，加快向国际金融中心、贸易中心迈进，发展新的金融产品，集聚新的金融资源，形成较为完整的中外金融机构和金融中介服务机构体系，基本确立体系完善、辐射力强的金融中心。如今，珠江三角洲已成为世界IT产业的生产基地。基于珠三角都市圈的发展优势和特点，其生产性服务业的重点可以选择与香港、澳门紧密联系的知识型服务业、金融等领域。京津唐地区生产性服务业发展重点应该放在现代物流业和文化体育产业方面。

中部地区各省目前大多处于工业化中期阶段，制造业发展迅速，知识密集型和技术密集型制造业生产的中间环节对从事工业产前、产中和产后服务的生产性服务业提出了更广泛的需求。吉林、黑龙江两省应利用生产性服务业实现由传统工业区向新兴工业区的转变。山西省应利用丰富资源发展深加工工业，加大科技研发投入力度，加大生产性服务业的投入，并应该着眼于发展工业而带动生产性服务业的提升。安徽和河南两省应该利用承东启西的区位优势，发展工业物流、科技服务、商务服务等生产性服务业。

西部地区处于工业化中期的前半阶段，多数省份以发展工业为主。四川、陕西应该通过技术进步、产品开发和产业升级拉动生产性服务业的需求。云南、贵州、青海、甘肃等省份要努力学习东部各省的经验，借助东部产业转移的大好时机积极引进外资，促进本地工业化以及城市化的进程，尽快形成生产性服务业赖以发展的有利条件。西藏应当发展特色产业，加大研发力度进而带动生产性服务业的发展。

8.5.2 将生产性服务业加工贸易政策作为目前加工贸易的重要组成部分

实行产业链保税政策，采用多家企业深加工结转电子联网监管的方式；采用海关、外汇管理局、税务部门三部门联网监管的方式对产业链上的企业资金流、货物流进行监管；允许制造业和服务业自用的原材料和设备以保税的方式进口；在整个产业加工过程中，深加工结转环节实行不征不退的政策。

8.5.3 寻求行业切入点，与竞争对手印度形成差异

与印度不同，我国制造业吸引了大量外资企业，其中不少是跨国公司。随着竞争程度的提高，跨国公司越来越专注于核心业务而把非核心业务的生产、营销、物流、研发乃至非主要设计活动外包给成本低的发展中国家的企业，这为发展与制造业有关的服务加工贸易提供了有利的市场条件。所以在发展服务加工贸易时要以生产性服务业为突破口，生产性服务业是依靠制造业部门提供中间投入的服务性企业。当前，生产性服务业下的服务加工贸易是我国发展的重点。

8.6 推进加工贸易中间投入品本地化，提高国内采购率

加工贸易是进口全部或部分原辅材料、零部件、元器件、包装物料，经境内企业加工或装配后制成品复出口，其中加工贸易行业与原辅材料、零部件、元器件、包装物料等中间投入品行业的产业关联性是很大的。中间投入品市场是加工贸易产业与国内产业、外资企业与国内企业联系的重要纽带。加工贸易产业发展最为关键的一点是需要加强加工贸易产业与国内其他产业部门的联系，利用加工贸易的产业关联效应，实现整个国民经济的发展，而中间投入品市场无疑是加强这一联系的重要纽带。20 世纪 80 年代亚洲“四小

龙”的产业升级就是建立在当地企业在加工贸易发展中迅速形成配套供应能力的基础之上。因此，我国要大力发展加工贸易中间投入品市场，增强加工贸易的产业关联作用，消除“飞地效应”，带动当地关联产业的发展。

8.6.1 提高国产中间投入品的质量和技术水平

跨国公司对生产工艺流程、中间投入品等的要求是十分严格的，加工贸易进口的原材料、中间投入品，通常是自己不能生产的或是质量达不到跨国公司要求的产品。所以，提高国内料件的质量和技术含量，早日符合国际同类产品的质量和技术要求是解决我国加工贸易中间投入品产业薄弱的根本途径。一方面，我国企业要不断提升自身的技术水平；另一方面，我国要抓住当前跨国公司基于“市场驱动”而把区域研发中心逐步转移到中国的机遇，积极参与到其技术研发中去，分享其研究成果。这样，我国的企业才可能转移先进技术，实现技术本地化，从而提高我国企业的自主创新能力；才能扩大产品领域，提高产品层次，加速产品的升级换代，进入跨国公司全球采购体系。

8.6.2 要为企业建立中间投入品供求信息库

经过多年的发展，一大批有实力的企业能够提供符合国际标准的中间投入品，然而信息的缺乏使得加工贸易企业与国内配套厂商难以建立业务联系。到中国投资的跨国公司本身已经存在稳定的供货渠道，在缺乏信息的情况下，他们更可能从原来的渠道采购中间投入品。同时，由于信息采集、更新的投入大，投资风险高，单凭国内企业来建立相应的信息库是难以实现的。因此，国家应实行扶植政策，针对加工贸易可选择的替代产品建立专业信息库和信息网络，对产品的质量标准、规格、价格、供应渠道等及时公布。还要做好零部件标准的制定工作，统一技术标准并进行及时的宣传。

8.6.3 完善深加工结转政策

制定鼓励配套企业间深加工结转的操作办法，提高我国加工贸易产品的加工深度，增加国内附加值，并且积极引导外资投向深加工产品的生产，形成一大批以龙头产品为中心的零部件配套企业。同时，我国还应该加紧制定并实施简便易行的深加工结转操作方法，简化深加工结转手续，减少一些不必要的审批环节。比如企业在做加工贸易合同时，如果需要办理结转，必须到当地的外经贸委、海关等部门进行审批，在具体转出入时，还要到这些部门再审批，这不但延长了结转时间，而且还增加了主管部门的工作负担，对加强监管的作用不大，因此可以考虑取消具体结转过程中的审批环节。同时，在加强海关对保税运输监管的同时，注意提高加工贸易的便利化程度，通过采用电脑联网查询等，使加工贸易中的半成品在不同企业间调配，以提高加工深度，延长加工贸易的国内增值链。

8.6.4 制定更加合理的原产地标准

要认识到原产地标准在提高中间品进口替代方面的作用，调整原产地标准使其在加工贸易转型升级中发挥作用。

（1）将“加工工序为主，辅以构成比例”的原则改为“构成比例为主，加工工序为辅”

我国加工贸易企业一般承担产品生产环节中最终加工组装环节。在最终环节无论增值率多少，加工工序多么简单，往往在外型、性质、形态或者用途上发生实质性改变。原产地管理部门要逐一核实加工工序以判定原产地是相当困难的且操作性差。而采取“构成比例为主，加工工序为辅”的原则，既可以鼓励加工贸易企业提高中间品进口替代率，又可以从加工贸易企业进出口源头上保证对加工产品原产地判定的真实程度，便于原产地管理工作的进行，因而具有较强的可操作性。

（2）实行有差别的原产地标准

我国应对不同类型的产品制定宽严不等的原产地标准。对高科技产品制定较低的原产地标准，以引导外资从简单加工的加工贸易领域退出，而从事高科技产品的加工贸易；借鉴欧盟的标准，将“扩散”工艺定位为原产地标准。对技术、工艺在加工过程中达到规定要求的可享受加工贸易优惠政策，以鼓励外资向我国技术转移；对劳动密集型的简单加工产品，制定适当提高国内增值部分在产品出厂加重的比例的规定，低于规定要求的不再予以加工贸易优惠政策；对于国内配套能力强、产能过剩的产品制定严格的原产地标准。

8.6.5 完善加工贸易税收政策

加工贸易税收政策调整应由过去的盲目“招商引资”向“选商择资”转变，税收政策应更多地鼓励跨国公司将高技术产业的研发生产环节转向我国，从简单组装到复杂组装，到零部件制造，再到零部件研发，最终产品研发，直到自主知识产权产品、自有品牌产品研发生产。导向应该逐步取消对一般性制造业特别是“两高一资”（高耗能、高污染、资源性）产品的加工贸易出口退税，提高加工贸易优惠政策门槛。

（1）统一加工贸易中来料加工和进料加工贸易出口的税收政策

不同类型的加工贸易企业税收负担不同，来料加工贸易实行免税政策，而进料加工实行的则是“免抵退”政策。取消来料加工免税政策，统一实行“免抵退”政策，使两种加工贸易方式的税收政策和税收负担基本一致，而且与一般贸易生产企业出口的“免抵退”税收政策和负担也相同。

（2）明确加工贸易深加工结转税收政策

国家对深加工结转税收政策没有明确规定，实际操作中各省按自己的财力灵活运用，随着深加工结转业务的增多，造成各地税收管理的不一致，不利于增值税链条的完整。我国境内进行深加工结转的上下游企业深加工结转行为完全符合增值税“境内销售货物行为”的定义，应当按内销征税。同时，根据增值税专用发票的使用规定，在结转时可以按规定开具增值税专用发票，下游企业据此作为进项税额的抵扣凭证，从当期的销项税额中抵扣。深加工结转复出口的货物，按一般贸易规定给予全额退（免）税，这样可保持增值税征退税的衔接和链条的完整性。

（3）完善国产料件替代进口料件的相关税收政策

现行出口退税政策，进料加工进口料件按出口货物的征退税率计算税额从不予抵扣税额中扣除，而对国产料件加工生产的出口货物则按出口额全额计算不抵扣税额，不利于加工贸易企业采用国产料件，这与国家鼓励使用国产料件的相关政策背道而驰。国家应当出台鼓励企业使用国产料件替代进口料件的相关税收政策，确定加工贸易出口货物使用国产料件的最低比例，对采用国产料件替代进口料件的应适当提高出口退税率，以促进加工贸易的转型升级，逐步提高加工贸易出口产品的国产化率，进而推动我国自主品牌的出口。

(4) 改变离境退税规定，充分发挥保税区的仓储功能

离境退税的规定不利于加工贸易向下游产业延伸，也不符合贸易发展的规律。对于保税区仓库交货的商品，当货物运抵保税区仓库时应视同出口，可以申请退税。如果货物复进口，则须补交应缴纳增值税。

8.7 以保税区转型和建立保税物流园区为中心，发展国际采购与配送中心业务

进入 21 世纪，国际上加工贸易的竞争越来越激烈。当前加工贸易的竞争不仅仅局限于生产领域，流通领域的竞争也越来越激烈。完善的加工贸易物流更能吸引外商投资，更有利于提高我国加工贸易产品的国际竞争力，提高其增值率，所以我国要大力发展加工贸易物流配送，积极促进加工贸易的转型升级。

8.7.1 加强基础设施建设

较完善的设施条件是保税物流发展的必要基础，也是吸引物流企业进入保税区保税物流园区等海关特殊监管区域的必备要素。为此，要重视从以下几个方面不断完善海关特殊监管区域的保税物流基础设施。

(1) 完善物流网络硬件设施的基础建设

鼓励国内外客商对保税区内进行物流设施及设备的投资。投资计算设备，将各类货物数量、特征和位置全部输入计算机系统，并用计算机系统自动控制机械化和自动化的装卸及提取工具。投资建设拥有先进的硬件设施、有先进软件配套的、全方位计算机智能管理的现代化、多功能的仓储设施，快速实现园区具有国际物流的集散、分拨、加工、配送等诸多功能。

(2) 加强物流网络软件及信息平台的基础建设

促进物流数字化及信息化，完善公共信息服务体系，建设覆盖整个园区的计算机管理系统；构筑园区与海关的信息通道网络，以利于对货物进出园

区以及区内物流流程的动态跟踪与动态监管；构筑与国外直接相关联的区内物流信息汇集中心，建造具有相应物流服务信息的数据库系统及数据仓库系统的物流信息平台。这样既可以为园区物流企业等提供全面、快捷的物流信息资源服务，支持物流企业的经营及交易活动，又能够逐步实现园区交易双方的网上自由交易、市场公开竞争和电子物流，提供合理性及公平性的物流服务交割交易的撮合、资金结算和信息发布等能力。

8.7.2 提高运作水平，深化保税物流功能

(1) 引入高水平的物流主体

国际物流园区提高物流运作水平和强化物流功能的主要策略之一，就是引入高水平物流运作主体。根据国内外物流产业发展的情况并结合保税区的独特区位优势，园区可以重点在以下几个方面选择和培育物流运作主体。

首先，引进大型跨国公司。

在全球战略中，大型跨国公司的普遍做法是在主要的市场区域中建立采购和分拨基地。因此，通过与大型跨国公司的关键部门合作，建立采购与分拨的物流基地，是园区引入物流运作主体的必然选择。园区在选择采购和分拨物流基地的运作主体时，应当依据国际采购和分拨的趋势和经验突出选择的重点；在资本和技术密集的行业中，应选择以制造业为核心的大型跨国公司，如汽车、飞机、大型设备、信息产品等，这些跨国公司往往在全球采购和产品分拨活动中占据主导地位；在劳动密集行业或消费品领域，应选择跨国采购与分拨占主导地位的大型跨国零售集团和专业贸易公司。

其次，引进国际知名物流企业。

跨国公司在中国的生产制造活动和采购活动中日趋活跃。围绕跨国公司的全球生产、采购和销售活动，其对专业化的全球物流服务也在逐渐升温，这也是许多国际物流企业纷纷进军中国的主要原因。因此，寻求与国际物流企业的合作，特别是与第三方或第四方国际物流著名企业的合作，是园区物流运作主体培育的一个主要方向。

再次，与国内快速发展的新兴物流企业合作。

目前国内发展迅速的物流企业主要有两类：一是民营和多元股权结构的

合资企业；二是由传统运输、仓储和批发企业延伸服务而形成的物流企业。作为新兴的物流企业，民营和合资企业具有机制灵活、理念先进、管理规范等优势，并迅速成为中国物流产业中发展最为迅速的群体，这类企业目前的网络扩张要求强烈，扩张速度也比较快，发展前景也比较好，是值得保税区吸引和争取的物流运作主体。同时，要积极地培育和吸引国内的第三方或第四方物流企业进驻园区，成为园区的运作主体。

最后，与国内短缺资源相关的贸易企业和用户企业。

中国虽然地大物博，但是仍然有许多资源国内供给相对不足，例如原油、成品油、某些矿产品，当然还有一些是国内产品缺乏比较优势、国外进口更为经济的产品。这些需要大宗进口的产品是利用保税区物流设施和服务的潜在客户，由于专业性要求，经营和使用这些的企业也可能成为物流活动的承担者。

与此同时，要积极创造条件引进国内外著名物流研究和高等教育机构，入驻国际物流园区。他们将根据中国国情，借鉴国际先进经验，研究中国物流业的内在规律及特征，培育适合中国物流业的专业人才，为园区的物流运作主体提供科技支持和人才支持。

（2）降低物流的运作成本

从其他自由贸易区和国内其他现有保税区运行的经验来看，降低保税区物流成本的途径主要有以下几点。

首先，降低园区公共设施的使用以及土地的成本。

为了保证物流活动的顺利进行，物流企业在园区内需要大量使用土地和仓储、运输、信息网络、水电供应等公共设施，保税区应该将有关土地出让、租赁政策和仓储、运输、信息网络、水电等公共设施的收费规定进行优化，降低企业的投资成本和日常运营成本。

其次，提高保税区管委会及其职能部门的服务水平。

提高保税区相关管理部门的监管效率，降低企业的政策成本。提高保税区管委会管理制度的透明度，规范管理手段和程序，并协调海关、商检、外汇、工商管理等部门提高运作效率，减少和降低企业由于管理制度和政策不合理、不协调造成的成本支出和效率损失。

再次，保税区增加园区的物流设施投资。

合理建设物流园区、仓储中心、物流信息平台等，可以大幅减少和降低物流企业的投资成本，而且有助于提高保税区物流设施资源的利用率。

最后，改进物流经营管理方法。

帮助和引导园区内企业，改进物流经营管理方法，促进企业物流流程的合理化和物流服务的规范化。在降低物流园区的运作成本上，管委会要从保税区的特殊性质和相关政策制度着手，帮助园区内企业形成规范的物流流程和运作方式，并且促进和鼓励企业形成自己的物流操作和服务标准，提高服务水平，确保服务质量，从而提高物流园区的整体效益。

(3) 努力提高增值服务水平

首先，要充分认识到现有物流园区与发达国家物流服务方面存在巨大的差距。与发达国家第三方物流企业的服务内容相比，我国的物流企业，特别是保税区的物流企业，服务内容和手段显得过于简单。而且更为重要的是，在物流信息服务、订单管理、库存管理、物流成本控制、物流方案设计供应链管理等以信息技术为基础的物流增值服务方面还非常落后。对保税区大量面对的跨国公司和国际企业而言，提供与国际市场一致的物流服务内容，才是对这些公司的最大吸引所在。

其次，扩大物流增值服务的途径。要实现园区物流功能的发展与深化，必须在开发现代物流技术和以信息技术为基础的物流增值服务网络方面寻求创新和突破；加快园区信息网络基础设施建设，使园区内企业与区外企业之间的信息交流与共享拥有便利的条件，这是园区内外企业供应链形成的必要网络基础。开拓园区物流企业的视野，把国内外先进物流企业的运作经验和方法带进园区，为园区内物流企业提供学习和培训服务；邀请国内外物流专家和先进物流企业到园区，从而寻求发展自身的物流增值服务领域。从园区的特殊性出发，组织园区物流企业研究保税区物流增值服务的市场需求和实现的途径，发展有园区特色的物流增值服务项目；加强现代物流管理技术与方法的开发和推广应用，加强现代物流技术的开发和推广应用。

8.8 开拓海外市场，树立自有品牌

由于我国加工贸易是以引进外商投资的形式发展起来的，内资加工贸易

企业的发展相对薄弱，因此加工贸易企业的销售渠道被海外接单人和中间商控制具有一定的客观性。但是，这并不意味着这种状况是合理的。前面提到加工贸易的销售渠道控制在海外接单人和中间商手里，容易造成加工贸易企业利润水平低，缺乏自主性。为了改变这种状况，国家和企业应共同努力，开拓自己的销售渠道。

8.8.1 企业应建立符合实际情况的营销策略

拥有自己的销售渠道对加工贸易企业稳定发展意义重大，但不管是制造企业，还是贸易企业、加工贸易企业，在开拓销售渠道时，必须建立符合实际情况和自身发展状况的营销策略。对于大型的制造企业，在资金充足的情况下，可以在进行代工的同时尝试树立自己的品牌，积极开拓自己的营销渠道；对于中小型制造企业，资金和销售人员储备相对不足，营销策略的重点应放在提高产品质量、加强售后服务和新产品开发等方面，同时积累资金和储备行销人员，逐步将企业做大做强；对于贸易企业，营销渠道的竞争意味着服务的竞争，只有提供更好、高附加值的服务，才能巩固与老客户的长期关系，进而开拓新客户。

8.8.2 改善投资环境，变“海外接单”为“国内接单”

我国加工贸易企业多数是外商投资企业，其加工贸易业务多采用海外接单、国内生产的方式。销售渠道由海外接单人和中间商掌握，使得加工贸易企业的利润空间狭小，发展受到制约，尤其是对中外合资的加工贸易企业，中方的利益受到一定的损害。对此，政府应进一步改善投资环境，吸引外方将生产环节转移到国内的同时，将其营销环节也转移过来，变“海外接单”为“国内接单”。进一步改善投资环境包括继续给予加工贸易企业优惠的税收政策，加强知识产权保护，改进主管部门的管理等。变“海外接单”为“国内接单”以后，不但可以提高加工贸易企业的利润水平，有利于加工贸易企业的发展，而且可以在国内培养一批营销管理人才，解决我国行销人才缺乏的问题。另外，鉴于在所有形式的外方投资者中，中小企业利用中国贸易企业销售渠道的比重最高，因此在吸引外资进入加工贸易领域时，政策应适当向中小企业倾斜。

8.8.3 政府应在资金、信息、网络建设方面给予支持

资金短缺是加工贸易企业，尤其是中小企业开拓营销渠道的最主要障碍。对此，政府一方面可以通过为有发展潜力的企业提供优惠贷款的方式，直接帮助企业解决资金短缺问题；另一方面，可以通过为企业提供展销机会、在官方网站加强对加工贸易企业产品的宣传等方式，帮助企业解决因资金不足无力发展营销网络的问题。

另外，信息匮乏、网络建设落后等也制约着我国加工贸易企业营销网络的发展。目前，我国加工贸易网站数量极少，远远不能满足企业的需要。随着经济信息化的飞速发展，网络信息对企业竞争力的影响越来越大，政府应继续加强相关官方网站的建设，为加工贸易企业提供更好的政策信息和市场信息服务，促进加工贸易企业的发展。

8.8.4 创建品牌效应

一个企业想要在国际市场上立足，必须拥有自己的品牌。根据营销学家的调查研究，利润率、增值率最高的并不是那些低端产品，而是高品质的产品。给国外代工的企业相当于国外企业的一个生产部门，技术、设备、品牌、营销渠道等关键信息都掌握在外方手里，几乎增值率最高的所有环节国内加工贸易企业都无法接触。因此国内的加工企业实际并没有自己的自主权。而中国自己的产品在国外要么以贴牌方式销售，要么以低价为策略，这种低价策略不仅使我国企业获利甚微，而且有可能被出口国家当作倾销产品进行限制。要摆脱这种不利地位，我们必须拥有自己的品牌，必须要自主创新。因为有了自己的品牌，企业才有发言权，才算是掌握了自己的未来，掌握在别人手里的未来只能作为权宜之计。在创立自己品牌的过程中，不仅要提高对设计研发的重视程度，增加投入，还要在产品定位上改变观念。“中国制造”在国际上的占有率虽然非常高，但是大多采用低价策略。最有发展的品牌不是代表低价劣质的品牌，而是高品质的品牌。

8.9 实施“走出去”战略，促进境外加工贸易的发展

8.9.1 实施“走出去”战略，促进境外加工贸易的发展

境外加工贸易是指我国企业以现有设备及成熟技术投资为主，在境外以加工装配的形式，带动和扩大国内设备、技术、原材料、零配件出口的国际经贸合作方式。加工贸易的发展是“加工— 替代更高层次的加工— 再替代”的动态过程，随着我国沿海地区土地和劳动力成本的提高，我国加工贸易已经进入了结构调整和产业升级的新时期，我国国内加工贸易产业将向提高产品技术含量的方向发展。虽然今后我国加工贸易产业中劳动密集型仍然会占据比较大的比重，但其中一些我国已经具有一定优势的加工贸易产业完全可以转移到其他劳动力成本更低并且具有市场潜力的国家和地区，使之成为我国的制成品出口基地。这样不但可以消化传统技术和转移过剩的加工能力，促进产业结构和产品的调整，而且可以带动我国技术、设备、劳务和产品的出口，推动传统工业向更高层次发展。另外，通过在境外投资建立起来的境外加工企业把国内市场和国际市场紧密地联系起来，形成了内外联合的国际贸易网络。我国企业作为投资者在境外开展加工贸易，并不一定是在设备投资后自营加工，可以采用委托加工、合作生产、补偿贸易、租赁所在国厂房设备等形式。作为境外投资的一个组成部分，境外加工贸易是我国企业走出国门的重要方式，对推动企业国际化经营、国家产业结构的调整以及出口具有重要的意义。因此，我们要采取有效措施，促进我国境外加工贸易的发展。

8.9.2 进一步完善境外加工贸易宏观管理制度

境外加工贸易的实质就是境外投资，完善境外加工贸易管理制度首先要完善境外投资管理制度。中国贸促会 2009 年进行的调查表明，有 55% 的企业认为应该简化对外投资管理程序，35% 的企业提到应该完善境外投资的外汇管理制度、完善境外投资的税收制度。目前，我国企业在境外投资中要经过外汇管理局、商务部、发展改革委员会等多个部门的审批。我国对外投资管理中存在程序复杂、审批时间过长、审批标准不明确不透明的问题。复杂的

审批程序和过长的审批时间导致对外投资企业的成本上升，影响了企业在国际市场上的竞争力，因此必须简化现有的审批程序，缩短审批时间。由于中国资本项目尚未开放，对外汇使用及流出进行审批是必要的，而且产业政策对外汇的使用有重要的指导作用。因此，外汇风险评估和产业政策指导是两大审批目标，审批重点应当集中在外汇使用风险评估上。可以由国家发展改革委员会和国家外汇管理局联合成立境外投资审查委员会，用于审查境外投资项目是否存在外汇风险，以及是否符合国家的产业政策。审批程序可以参照目前使用的前期报告、申报、核准、事后年鉴四个环节。在核准上，应当有非常明确的标准，并设定严格的行政审批期限。而目前存在的除发改委、外汇管理局之外的其他审批可以改审批制为备案制，企业在对外投资获得批准后，向有关职能、行业管理部门备案，并把备案作为年检的内容。

8.9.3 以政府为主导营造友好的境外加工贸易国际环境

(1) 推动全球自由贸易投资体系建设

以建设性姿态参与多哈回合谈判，推动多哈回合谈判在锁定已有成果、尊重多哈授权的基础上，抓紧解决遗留问题，尽早建立公平、合理、非歧视的全球贸易投资体系，推进贸易和投资自由化、便利化。

(2) 加速区域经济一体化进程

一是全方位推动区域合作，积极稳妥地实施自由贸易区战略，推进我国边境地区经济合作区建设，加大与东盟地区、日本、韩国等周边地区的交流与合作，推进亚太地区和次区域经济合作发展，深化与港澳台地区的投资合作。二是由商务部牵头加快与有关国际组织、国家和地区的谈判，签署互利合作的双边和多边贸易投资协定，以国际公法的形式推动自由投资；促进区域成员改善投资环境，实现通信、运输等基础设施互联互通，降低运营成本，促进贸易、投资和人员更加便捷、顺畅、安全流动。

8.9.4 建立和完善境外加工贸易的支持体系

(1) 要进一步完善对外投资法律政策体系

在国际市场竞争中，法律法规不仅是约束企业经营的法则，也可以起到保护企业合法利益、提高经营绩效的作用。当前，我国制定了国家层面的促进中国企业境外投资的条例，对现有部门规章进行了整合，但仍然没有境外投资的法律。因此，相关机构要尽快了解境外投资条例实施中的问题，根据实际情况适时调整，在完善境外投资条例的基础上尽快启动立法程序，制定与国际管理接轨的《境外直接投资法》作为调整我国境外投资关系的基本法，对我国境外投资主体、投资形式、审批程序、资金融通、技术转让、收益分配、企业管理、整理解决等问题作出法律规定。相关部门在《境外直接投资法》的法律框架内，根据我国境外投资的发展状况制定境外投资管理的实施细则及其他的单行法律，由此逐步形成以境外直接投资基本法为主，各种单行法规和相关配套法规为辅的境外直接投资法律体系。

（2）要完善境外加工贸易的资金支持体系

扩大财政支持范围，加大财政资金支持力度。可以考虑设立专项基金，支持有条件的企业国际化经营，转移国内过剩的生产力；创新税收支持政策，我国企业境外投资带出的自用设备物质免除相关税费；提高企业派出人员的个人所得税起征点，免征劳务人员个人所得税；增加中国出口信用保险公司对境外投资的保险额度，提高保险力度；加快我国海外金融机构布局，增强其向海外企业融资的能力；进一步完善“内保外贷”政策，允许企业以境外资产权益抵押申请境内贷款；适度放宽外汇管理对境外投资用汇的限制，简化境外投资外汇管理程序，取消利润汇回保证金，允许有条件的企业以境外投资为目的从事国际商业融资。

（3）完善境外加工贸易信息服务系统

政府牵头建立并逐渐完善公共信息服务平台，及时发布和更新海内外相关行业的发展和市场需求信息，加强海外投资风险监测和预警工作，建立投资合作国别风险数据库，评估、发布风险预警信息。设立非营利机构对外直接投资服务机构，全面提供各国和地区政治、经济等投资环境状况，包括当地外商直接投资条件、投资程序、政策法规、合同形式及其他基础信息；提供介绍合作伙伴、合作项目等对外投资服务。

（4）建立人才支持体系

利用各种教育培训资源，加强对企业负责人和从业人员国际化经营和管理方面的培训。要针对不同地区、不同行业实行差异化培训。根据企业实际需要除对境外加工贸易政策、操作程序、重点国别地区介绍外，还应加强境外加工贸易实务、境外加工贸易企业成果与失败案例分析。针对特定国别地区、经济圈开展境外加工贸易的培训，深入细致地介绍当地的贸易投资环境、投资项目、操作程序等。加强法律方面的人才培训，企业在海外投资设厂从事加工贸易的过程中，应改变固有观念，熟悉当地法律、商业管理，适应当地用工环境。政府及相关教育机构应面向企业提供相应的培训和咨询服务，构建具有国际化经验的专业人才信息库、数据库，详细记录专业技术人才的工作经历、技术特长、语言技能，以方便境外加工贸易企业根据自身需求查找所需人才信息，尽快聘到合适的人才。

8.9.5 企业制定合理的海外投资战略

企业要进行国际化经营，所面临的市场需求、法制环境、贸易制度以及风俗习惯等都与国内市场有较大差异。对此，企业首先要制定合理的海外投资战略，确定明确的目标，包括产业选择、区位选择和投资方式选择，分析所面临的市场环境、顾客需求（包括现实的和潜在的需求），寻找市场机会。同时还应考虑海外战略在企业总体战略中的地位，以确保海外战略的持久性和可行性。

8.9.6 合理调整产业定位，促进境外经济合作区的发展

截至2012年7月底，中国企业已在13个国家开工建设了赞比亚中国有色工业园、柬埔寨太湖国际经济合作区等16个合作区，这些合作区已迈过起步期，进入良性循环的发展轨道，其中9个已通过中国商务部和财政部确认考核。然而，目前境外合作区建设普遍存在定位过高、产业选择过杂的现象。为此，要结合地区特色从产业选择角度合理评估合作区的主导产业，引导企业充分考虑东道国国情需要，结合企业的技术、管理、人才优势和国际商务经验，以及拥有的招商资源进一步明确境外合作区未来的产业方向和商务功能。

8.10 结合中西部的地区优势开展加工贸易，形成东西互补格局

我国加工贸易主要集中在东部地区，中西部地区加工贸易所占的比重较低。东部地区加工贸易劳动密集型产业面临劳动力成本增加的挑战，为了发展资本技术密集型产业，需要将已有的劳动密集型产业转移出去。中部地区经济发展水平落后于东部地区，可以利用自身劳动力成本优势积极采取措施承接东部沿海地区转移的产业。

8.10.1 根据东中西部地区的相对优势，协调加工贸易区域发展的战略定位

（1）东部地区加工贸易由生产向综合服务和全球经营方向的转型升级

东部地区的加工贸易企业利用劳动力资源丰富的比较优势，大量生产并出口劳动密集型产品，从国家出口退税中得到实惠。但是，东部地区加工贸易的发展并没有与良好的工业基础设施相结合。近年来，沿海经济发展面临“民工荒”和能源价格上涨的不利因素，加上人民币升值和世界经济危机使沿海加工贸易企业面临出口困难的局面。东部地区如果仍然从事劳动密集型产品或资本、技术密集型产品的劳动密集性环节的加工贸易，而不愿意放弃已有的生产模式进行研发创新，东部地区将有可能陷入“比较优势陷阱”，不利于本地区加工贸易的可持续发展。应该注意到，东部地区加工贸易经过 30 年的发展，已经积累了一定的资金、技术，并占有国际市场。近年来随着加工贸易规模的迅速扩张，不少跨国公司开始将国际配送中心、采购中心向中国转移，以降低物流成本，加工贸易将不断向服务业环节伸展。因此，东部地区的主要任务是利用已有的雄厚资金、良好的工业基础和配套条件，实现东部地区加工贸易由生产劳动密集型产品向生产资本技术密集型产品升级，由生产向综合服务和全球经营方向的转型升级，提高中间产品的研发水平。

东部地区也应有适当的分工，长三角、珠三角、环渤海应有不同的侧重，具体如下。

第一，长三角地区。

利用已经积累的资金、技术优势，加快发展现代服务业，推进信息化与

工业化融合，培育一批具有国际竞争力的世界级企业和品牌，建设全球重要的现代服务业中心和先进的制造业基地。推进上海国际航运中心建设，依托区域综合交通运输网络，大力发展现代物流业。推进上海国际金融中心建设，进一步健全金融市场体系，加快金融产品、服务、管理和组织机构创新，促进金融业发展。扶持和培育工业设计、节能服务、战略咨询、成果转化等技术创新型服务企业，大力发展科技服务业。规范发展法律咨询、会计审计、工程咨询、认证认可、信用评估、广告会展等商务服务业。整合建立区域内综合性的软件和信息服务公共技术平台，培育创新型特色化的软件服务和信息服务企业，积极发展增值业务；做强做优先进制造业。按照立足优势、加快研发、强化协作、促进集群的原则，加快建设世界级电子信息产业基地；发挥区域在电子信息研发、设计、制造及服务方面的综合优势，加快拥有自主知识产权的核心技术研发，促进集成电路、软件、新型平板显示器件、激光显示关键材料与器件、新型电子元器件、电子专用设备仪器制造等产业发展；加强区域产业协作配套能力和分工体系建设，努力打造自主品牌；以国家电子信息产业基地或产业园为依托，打造通信、计算机及网络、数字音视频等产业集群。以上海、南京、杭州为中心，沿沪宁、沪杭甬线集中布局。沿沪宁线重点发展具有自主知识产权的通信、软件、计算机、微电子、光电子类产品制造，形成以上海、南京、苏州、无锡为主的研发设计与生产中心，以常州、镇江等为主要生产基地的电子信息产业带；沿沪杭甬线以上海、杭州、宁波为研发设计与生产中心，整合嘉兴、湖州、绍兴、台州等地的相关产业，构建国内重要的软件、通信、微电子、新型电子元器件、家电产业生产基地。扬州、泰州、南通、温州、金华、衢州等在巩固发展电子材料、电子元器件产业的基础上，以产业协作配套为重点，开拓计算机网络和外部设备等新产品领域，加快信息产业发展。纺织服装业，以提升档次、打造品牌为重点，建成集研发、制造、展销、贸易等多功能于一体的国际纺织及服装设计制造中心。上海重点发展服装设计和贸易，苏州、无锡、南通、常州、杭州、宁波、湖州、温州重点发展服装及面料生产、研发、展销等，鼓励扬州、泰州、盐城、湖州、嘉兴、绍兴、金华等地发展现代纺织业，积极提升产业层次和产品档次，促进传统纺织业向周边地区转移。

第二，珠三角地区。

利用《内地与香港更紧密的贸易安排》、《内地与澳门更紧密的贸易安排》以及“10+3”合作机制，支持珠江三角洲地区与港澳地区在现代服务业领域的深度合作，重点发展金融业、会展业、物流业、信息服务业、科技服务业、商务服务业、外包服务业、文化创意产业、总部经济和旅游业，全面提升服务业发展水平。推进白云空港、宝安空港、广州港、深圳港等一批枢纽型现代物流园区建设，完善与现代物流业相匹配的基础设施，带动广东建设世界一流的物流中心。支持发展研究设计、营销策划、工程咨询、中介服务等第三方专业服务机构，促进科技服务业和商务服务业的发展。培育一批创意产业集群，加快建设珠江三角洲国家级软件和动漫产业基地。大力发展总部经济，鼓励国内外大型企业以及有影响力的中介服务机构在珠江三角洲地区设立总部或分支机构。

充分利用现有基础和港口条件，重点发展资金技术密集、关联度高、带动性强的现代装备、汽车、钢铁、石化、船舶制造等产业。大力发展高技术产业，坚持全面提升与重点突破相结合，突出自主创新和产业集聚，培育壮大新兴产业，建成全球重要的高技术产业带。着力发展高端产业和产业链高端环节，加快提升高技术产业核心竞争力。引导生产要素向优势地区、产业基地和产业园区集聚，促进形成产业特色鲜明、配套体系完备的高技术产业群。重点发展电子信息、生物、新材料、环保、新能源、海洋等产业。电子信息领域重点发展软件及集成电路设计、新型平板显示、半导体照明、新一代宽带无线移动通信、下一代互联网、数字家庭等产业，促进数字视听产品转型升级，提升通信设备在全球的竞争优势，建设现代信息产业基地。生物领域重点加强干细胞、转基因、生物信息等关键技术和重要产品研制，大力发展生物医学、生物育种等产业。新材料领域重点发展新型电子材料、特种功能材料、环境友好材料和高性能结构材料等。环保领域着力发展环保技术与装备、环境服务产业等。新能源领域重点发展风能、太阳能等清洁能源。海洋领域重点发展海洋生物、海洋资源综合利用等。围绕重点领域实施高技术产业化重大专项，加大对高技术产业化项目的支持力度。推进高新技术产业开发区“二次创业”，重点加快广州科学城（北区）和深圳高新技术产业带建设，加快科研、标准化与科技成果产业化三同步步伐，把广州、深圳国家高新技术产业开发区建设成为全国领先的科技园区。

第三，环渤海地区。

北京重点发展第三产业，以交通运输及邮电通信业、金融保险业、房地产业和批发零售及餐饮业为主。同时，发挥大学、科研机构、人才密集的优势，与高新技术产业园区、大型企业相结合，积极发展高新产业，以发展高端服务业为主，逐步转移低端制造业。天津在现有加工制造业优势与港口优势基础上，大力发展电子信息、汽车、生物技术与现代医药、装备制造、新能源及环保设备等先进制造业；发展现代物流、现代商贸、金融保险、中介服务等现代服务业；适当发展大运量的临港重化工业。河北八市定位在原材料重化工基地、现代化农业基地、京津高技术产业和先进制造业研发转化及加工配套基地。

(2) 中部地区应以发展劳动密集型加工贸易为突破口，从单一加工向价值链上下扩散和延伸

中部地区由于毗邻东部，具有承东启西的区位优势，充分利用国家给予的“加工贸易梯度转移重点承接地”的资金和优惠政策，以发展劳动密集型加工贸易为突破口，从单一的加工向整个价值链的上下游延伸，逐渐从生产附加值较低的劳动密集型产品转向附加值较高的资本技术密集型产品。2007年以来，国家分三批授予南昌、赣州、郴州、武汉、新乡、焦作、合肥、芜湖、太原等43个市“加工贸易梯度转移重点承接地”，要充分发挥加工贸易转移承接地对周边地区的辐射作用，带动周边产业发展。商务部联合国家开发银行为中部发展加工贸易提供融资支持，加上中部地区的劳动力成本比东部低，中部地区具备发展劳动密集型加工贸易的政策、区位、资金和劳动力的综合优势。因此中部地区发展加工贸易一方面要完善交通和工业设施，改善投资环境，积极引入外资，承接东部劳动密集型的加工贸易转移，发展纺织、服装、玩具、家电等劳动密集型产业。引进具有自主研发能力和先进技术工艺的企业，力争从单一的加工向整个价值链的上下游扩散和延伸，使中部加工贸易从低附加值的劳动密集型产品，逐渐转向IT、机械、高新技术产品，实现OEM、ODM 、OBM 的发展，吸引新的面向国内外市场的加工贸易

项目。国家目前新公布的一批加工贸易限制类商品，主要涉及塑料原料及制品、纺织纱线、布匹、家具等劳动密集型产业。而东部地区不再批设从事限制类的加工贸易企业，中部地区加工贸易企业可以大力拓展该方面的业务，中部地区从事限制类商品的 A/B 类企业均实行银行保证金“实转”，具有比东部地区加工贸易企业更为明显的资金优势。

需要注意的是，环渤海其他地区应该形成京津冀之间的产业分工落差，利用本身的区位交通优势和国家重点发展滨海新区的契机，使之成为中国最大的工业密集区和产学研中心。优先发展电子信息、汽车、生物制药、石油化工、海洋化工等行业。东北老工业基地应该以沈阳为中心，引进外国技术资本与自身产业改造并举，形成一条大东北的重工业走廊，优先发展重型机械制造、冶金、石化、电力、农机设备、光机电一体化设备等行业。

（3）西部适合发展资源、技术密集型加工贸易和特色加工贸易

劳动密集型加工贸易受区位因素的影响较大，不容易向西部地区转移，而技术、资金密集型加工贸易则不然，容易实现向西部地区转移。西部地区的中心城市如重庆、西安、成都科技实力在全国都名列前茅，有大批高等院校、科研院所和科研人员，在飞机制造业、航空工业、光学工业、通信设备制造等方面都具有明显的优势。因此利用现有的技术优势以及本身具备的特色资源，发展技术、资源密集型加工贸易。加工贸易经过 30 多年的发展，已经在我国东部沿海地区形成了以电子、轻工业、纺织为主的中间投入品需求市场。西部地区的企业可以进行中间投入品市场的开发，建立以东、中、西部地区提供中间产品的配套企业，积极参与到国际分工与竞争中去，实现加工贸易在我国从下游产业向上游产业的延伸。西部地区应当求实创新，因地制宜，发挥自身独特优势，结合世界市场和各地实际情况，选择发展有前景、有潜力的产业，形成局部产业优势，如重庆的摩托制造，四川的机电、药材，云南的生物制药，宁夏的牧业加工。可以考虑利用中西部地区相对丰富的水利、矿产等资源，重点发展矿产加工、农产品加工、能源加工等；还可以利用地域条件，积极开展周边国际的经济技术合作，开拓东欧、中亚、南亚市场，通过出口高附加值的商品，发展边境贸易，加强我国与周边国家的经贸联系。

8.10.2 采取合理的措施引导沿海加工贸易向内地转移

（1）提高最低工资、环保标准让沿海生存困难的劳动密集型产业转移出去，腾出空间让发展资本技术密集型行业进入

2012 年，深圳将最低工资标准提高到 1500 元，上海市、江苏省、天津市、北京市分别为 1450 元、1320 元、1310 元、1260 元。可以进一步提高最低工资，提高城镇就业人员的工资，加大企业劳动力成本。除了工资，环保是另一道严格的门槛。珠三角城市进一步完善环保淘汰机制，把关闭污染严重的企业、淘汰落后工艺技术和生产能力、减少污染物排放总量作为工作重点，挤压当地化工、电镀、制革、印染等重污染行业的生存空间。2005 年，广东省重新修订《广东省工业产业结构调整实施方案》，适当提高了珠三角产业进入的环保、安全等标准，要求将 75 种产品在几年内从珠三角转移出去，电话机、饮料、一般电子玩具等 63 种产品被列入了鼓励转移的目录。此外，该方案还明确提出，通过提高珠江三角洲一般产业的进入门槛和标准，制定和落实相关产业转移的政策措施，加快珠江三角洲产业向山区转移。这对产业的梯度转移是好事。沿海地区在制定经济发展规划时要提高环保标准，将高耗能、低收益的产业排除在外。

（2）深化东部与中西部地区出口加工区合作建立跨省加工贸易工业园

2005 年 3 月，广东省推出了“产业转移工业园”这一省内区域经济合作的新模式，由转入地政府在本地设立产业转移园区，由珠三角地区政府负责组织规划、投资、开发、建设和招商引资等工作，并按商定比例在一定时期内进行利益分成。东莞石龙（始兴）产业转移园是东莞市石龙镇与韶关市始兴县携手共建的产业转移园，园区产生税收的地方留成部分由石龙和始兴按5：5进行税收分成，其他经济指标原则上也按此比例进行统计。在石龙镇看来，这种方法既不会对石龙经济产生大的冲击，又有财政补偿，对石龙的产业升级很有利。而始兴县则认为，山区招商难，最突出的是建园资金配套难、寻找投资对象难，而联手共建产业转移园之后，这两个问题都可迎刃而解。截至目前，这样的省级产业转移园区在广东已经有东莞石龙—始兴县（韶关市）、中山火炬—阳西县（阳江市）、中山石岐—阳江市、佛山禅城—云浮市云城区、佛山顺德—云浮市

新兴县、广东云区江高镇—电白县（茂名市）6 个产业转移工业园。2009 年 5 月，广东省、广西省在广西省崇左市凭祥夏石镇联合建立广西凭祥边境经济合作区友谊关工业园（广东）加工区，采取“政府主导、商会组织、企业实施、市场运作”的全新模式推进产业园区建设，计划通过 5 ~ 7 年的努力，把园区建设成为广西重要的家电和家具出口基地。

长三角、环渤海等其他地区可以借鉴这一经验主动寻找合适的中西部出口加工区、工业园区合作建立跨省产业转移工业园，由两地共同建设，税收两地分成，转移劳动密集型加工贸易产品生产。内地出口加工区要抓住当前沿海产业向内地转移的有利时机大招商、招大商，与当地资源条件结合培植龙头企业和产业链条、产业集群，促进专业化园区发展，并且注重与产业发展相关的平台和配套服务设施建设。

8.10.3 进一步扩大东西部加工贸易政策落差

（1）制定东中西部有差别的外商投资产业指导目录

目前，我国中西部地区利用的外商直接投资较少，利用效率也较低，国家可以结合产业调整目标，制定东中西部有差别的外商直接投资产业指导目录。在东部地区，鼓励外商直接投资投入高技术、高附加值产品生产和生产环节，投入到从事研发、信息服务、物流和供应链等生产性服务。中西部地区则在土地使用、税收、项目批准程序等方面给予远大于东部地区的优惠政策，鼓励外商直接将资金投入到高技术、高附加值产品生产和生产环节上，也鼓励外商直接将资金投入到低附加值、劳动密集型产品和生产环节上，并积极引导东部低附加值的劳动密集型产业将生产环节向中西部转移。

（2）制定有差别的加工贸易产业发展目录

我国现行的加工贸易发展目录没有充分考虑东中西部地区发展差距的现实，国家应充分考虑各地区加工贸易的实际情况并结合地区产业优势，对现行的加工贸易产业发展目录进行调整，把部分属于东部禁止类目录的商品在中西部地区列为鼓励类或限制类，把东部地区限制类商品在中西部列为不限制类，以便于中西部地区结合优势资源发展劳动密集型产品加工贸易以及开展特色加工贸易。

（3）调整中西部地区加工贸易产品内销税政策

中西部地区贴近内陆市场，可以考虑在中西部地区制定相应的内销优惠政策，依照规定允许一定比例的加工贸易产品内销。在保证国家税收不流失的前提下，改变对企业部分内销产品按成品征税的规定，即在内销不超过30%的前提下，允许30%的内销产品按国内加工生产对待。这样可以降低加工贸易企业的物流成本，有利于中西部地区加工贸易的发展，进而缩小中西部地区加工贸易发展差距。

8.11 完善海关加工贸易货物监管

完善海关加工贸易货物监管的总体思路是：着力提高海关加工贸易监管整体效能，以有效监管为目标导向，以风险管理为中心环节，以综合监管为基本模式，以形成整体功能为根本要求，建立关区加工贸易业务分类管理机制，以便对不同的加工贸易企业采取不同的监管方式和管理措施。

8.11.1 实现海关管理思想和观念的转变

要解决加工贸易海关监管面临的深层次矛盾和问题，中国海关必须改革现行监管模式及模式下的管理手段，完善相关政策。但无论监管模式或管理手段的变革都离不开思想和观念的创新，因此必须实现海关管理思想和观念的变革，通过思想观念的变革，推动体制制度和方法手段的创新，从而建立起科学、文明、廉洁、高效的现代海关。

当前应该主要做好以下几个方面。

（1）海关应当以企业为服务对象，大力倡导“服务导向”的管理思想

传统上，海关以执法者自居，很少考虑管理对象企业的客观需要。因此，长期以来海关与商界之间形成的是管理与被管理、监督与被监督的关系，难以形成平等合作的关系。这种观念严重阻碍了海关管理制度和方法的改革创新，制约海关管理效果的取得，因而必须纠正。海关应当以企业为服务对象，大力倡导“服务导向”的管理思想。面向企业，为企业服务。海关要在严格执法与方便贸易之间取得平衡，做到既方便守法者，又严惩违法者，从“行政主导”向“服务导向”的思想转变。在海关管理中提出“顾客观念”和

“服务意识”，即按企业对顾客的观念来对待海关管理中涉及的有关政府部门和加工贸易企业。要根据政府有关部门对企业管理的需要来改革业务制度和管理方法，把他们对海关管理的满意程度作为海关接受他们对海关业务的监督和工作考核，并把实现服务目标作为海关工作的重要内容；要定期与服务对象对话，接受他们对海关工作的建议并共同讨论海关如何通过与服务对象合作不断提高服务质量，积极避免消极行政不作为现象的出现，改善海关与企业之间的工作关系，化解对立情绪，取得谅解和信任，方便海关管理，避免官僚主义，消除腐败现象，提高工作效率。

（2）海关还必须实现由过去的“由货及人（主要是法人）”到“由人（法人）及货”的管理思想的转变

由过去单纯的强制执法，出了问题进行处罚、降级，变为现在主要帮助企业知法守法，防患于未然。海关执法的终极目标，是建立一个良好的进出口环境，“促进合法、正常的进出口贸易活动”。这种以防为主的执法模式，将强制执法与自觉自律、知法守法有机结合起来，是海关执法工作的上上之策。

8.11.2 完善法规和政策形成有效的宏观管理机制

针对加工贸易在政策法规、制度设计、管理分工等方面未形成系统，一些政策的制定缺乏充分调查研究和严格论证、试点，在管理上涉及多个行政部门，跨行业系统，协调难度大等问题，可以从以下两个方面进行改进。

（1）完善加工贸易管理的主体法规和规章

首先，要建立一套加工贸易管理的主体法规，实现海关对加工贸易从政策管理向法制管理的转变。一是以《中华人民共和国海关对加工贸易货物监管办法》为主线出台一部具备权威性的《加工贸易管理条例》，以立法的形式确立经营加工贸易企业的权利和责任以及管理机关的权利、义务关系，为加工贸易的规范管理与完善提供法律依据和执法条件。二是按照我国入世承诺，结合《行政许可法》及《电子签名法》的需要，清理加工贸易和保税业务各种规范性文件，分别采用废、改、立的做法，建立一套统一透明、严密高效的加工贸易法规体系，充分体现海关与企业合作伙伴关系和守法便利原则的精神，创造适合加工贸易企业公平竞争、自主发展的法律环境，促进企业守法自律。以立法的形式确定经营加工企业的权利与责任以及管理机关的权利、义务关系，为加工贸易管理的规范与完善提供有利的法律依据和执法条件。

其次，完善对加工贸易日常管理的规章。在国家政策和加工贸易法律法规的基础上，研究制定与之相配套的规章制度和操作规程，完善对加工贸易的日常管理，尽快出台系统的《加工贸易业务操作规程》。目前加工贸易的很多政策已难以适应市场经济和海关管理的需要，随着前几年国家出台的一系列加工贸易文件以及去年对加工贸易文件法规的全面清理，使海关在加工贸易企业的审批、合同备案、消耗定额、料件结转、内销管理、异地加工、合同核销等各个环节的政策逐步规范，建议海关总署在文件整理和汇编的基础上，形成一整套的加工贸易管理规章和操作规程，尽快将《加工贸易业务操作规程》付诸实施。

（2）加强国家政策调控，建立政府产业评估制度

在国家宏观政策环境下，把发展加工贸易和调整产业结构、产品结构结合起来，强化产业政策对加工贸易的引导，建立产业评估制度。建立加工贸易产业评估制度，可以在符合国家宏观政策这一大前提下，由政府相关部门包括外经贸、海关、税务、银行等共同参与对加工贸易项目进行综合评审，对一些加工程度不高、技术含量不高、附加值低，特别是存在低水平重复建设的项目，以及冲击国内部分产业的生存和发展，存在严重走私、难以管理的项目，严重污染环境的项目等，由国家制定政策实施禁止或限制开展加工贸易，以逐步优化加工贸易进出口商品结构。同时把加工贸易政策与产业政策相结合，通过产业政策的引导，使加工贸易政策服从和服务于产业政策，鼓励深加工、精加工，提高加工贸易产品的加工程度，延长加工贸易的产业链条，使加工贸易向高技术、高附加值方向发展，进一步发挥加工贸易在扩大出口、促进产业结构调整和利用外资方面所起到的积极作用。

8.11.3 建立加工贸易风险管理体系

实施风险管理已经成为各国海关应对新的形势和挑战、化解矛盾和压力的共同选择。我国海关加工贸易监管人员配置不足，人力资源严重缺乏，如果海关执法不严、打私不力，势必影响国家的经济安全，损害社会的公共利

益。而海关通关效率低、速度慢，会使企业利益受到损失，并进而影响外贸进出口，甚至影响国家的经济发展。引入风险管理理念，建立海关风险管理体系，能够有效地解决我国海关监管工作中严格执法与高效运作的突出矛盾，既可以摒弃严审细验、被动查堵的做法，有的放矢地进行监管，有效缓解贸易规模不断扩大给海关监管工作带来的巨大压力，又可以立足于有限的管理资源，保质保量地完成各项监管任务；既可以规范和简化手续，提高通关效率和服务水平，又可以有效地防范和化解海关因此所承担的一部分风险，切实履行把关职责；既可以最大限度地缩小不法企业的生存空间，又可以让守法企业得到公正的待遇，获得其应得利益，促进企业守法自律，营造诚信为本、公平竞争、规范有序的通关环境。按照海关总署《建立海关风险管理体系框架方案》中风险管理的基本框架“一个系统、一个机制、一个平台”的要求，结合加工贸易管理实际建立加工贸易风险管理体系，把风险管理理念全面贯彻到海关对加工贸易的整个监管过程中，有效地提高海关监管效能。

（1）建立企业守法管理系统

建立并不断完善企业档案数据库，全面掌握企业资产信誉信息和企业基本情况、经营历史等静态信息，掌握货物进出口情况、保管情况、走私违规记录、内销情况、下厂稽查情况等动态信息，使其能够为风险评估提供依据。

（2）建立以企业为主线的功能强大的加工贸易风险管理信息平台

该平台主要包括两个方面的内容：一是拥有企业档案数据库、风险管理审批参数库、单耗损库、备案（结转）商品网上样品库、边角料补税商品的资料库、商品信息库等；二是建立加工贸易保税业务分析监控系统，以实现对加工贸易保税业务的宏观分析和动态监控。

（3）建立加工贸易风险管理机制

加工贸易风险管理体系的建立和应用需要相关部门的协调配合、整体实施做保证，因此必须建立紧密的联系配合机制。风险管理部门、职能部门、现场一线都要立足于现行业务管理体制，围绕系统这个技术平台，充分发挥各业务领域专业优势和资源优势，建立适应形势发展需要和面向未来的，职责明确、层级分明、科学合理、运行协调的风险管理机制。

首先，建立健全风险信息采集和维护机制。

通过确定各层级、各业务部门和各作业环节在信息采集、加工、整理和维护中的职责、任务，依托于信息技术的应用和系统平台，将各类风险信息，围绕企业、商品和海关监管的要求汇总、分类、整理，为海关实施企业守法管理和进行具体监管提供及时、有效和功能强大的信息支持。

可以利用加工贸易风险信息平台收集与整理风险信息相关的数据，但是为了让收集到的数据可以用于风险分析，需要确定进行风险分析的因素。海关加工贸易管理中的风险因素主要包括：①加工贸易企业生产、加工能力和方法。企业的生产水准、加工能力和方法，与投资方有着密切的关系。尽管海关对加工贸易保税货物的生产耗料，按“正常生产，据实核销”原则予以认定，并不苛求企业的生产能力和工艺要求必须达到规定的标准，但一般而言，来自欧美、日本等工业化国家知名企业的投资方，较之一些港台或国外私人家族企业，在管理水平、生产水准、加工能力等方面均上了一个台阶。进行风险分析时要充分考虑到这些因素。②属于海关重点监管的加工贸易货物。加工贸易中的限制类商品、重点敏感商品以及高税、紧俏、价差大的货物，企业在经营中，由于利益的驱动，增大了违法操作的可能性，违法操作的手法也层出不穷。海关在监管中，要注意材料进口（原产地）和产品出口（销售）的方向，要注意国内外市场的行情变化因素。③加工贸易手册执行的真实性评定。这种真实性评定的核心内容，就是真实了解保税料件的生产单耗及其变动，这涉及保税货物加工全过程中的规范生产和规范管理。由于人力资源不足，海关不可能派员实地监管企业的现场生产，海关对企业执行加工贸易合同的真实性评定也就只能借助于企业自身内部管理的规范上。一旦企业管理混乱，或者生产记录失真，那么海关对其保税货物的监管就会出现偏差，也就会使偏差部分的保税货物被截留在境内，这里的风险之大是可以想象的。④加工贸易串料出口的可能性与国内外价格、品质的差异比较。保税货物是否截留在境内，或者企业将国内采购的料件以某种方式串换出口，其背后经济利益的驱动是其真实的原因：一个是原料国内外价格差异，有利润空间；一个是国内外同类原料品质差异，有资源优化配置的违法操作的可能性。海关在对此进行风险评估时，应充分注意到上述两点因素。⑤手册的异地使用情况。有的加工贸易手册在使用中，还涉及异地报关或办理跨关区的深加工结转手续。这时，货物和手册均脱离主管地海关的有效管辖范围，在企业实际运作（包括手册的周转）中一旦出现问题或运作不畅，就会出现擅自先发货等违规手法，货物的实际移动就会强行突破海关的有关规定。风险于是就产生了，而主管地海关却一无所知，即使知道了也是鞭长莫及。⑥手册的逻辑审核。手册的逻辑审核内容包括：保税货物实际发生的进出口日期、金额的倒挂情况分析、电子底账与纸质数据的对账。其中千变万化的情况，不是海关的几条操作规范所能涵盖的。而且，手册数据的完全正常，是不是可能隐含了不为人知的更大的监管风险。所以，手册的逻辑审核，需要现场关员更多的敏锐与经验。⑦加工贸易企业的资信状况和诚信分类。对加工贸易企业资信状况的风险分析，包括企业背景、守法意识、投资状况（现汇的还是设备投入的，资金是否到位，生产场地是否租赁等）、行业状况（高科技的还是劳动密集型的，是否为朝阳产业等）、企业商誉、投资国别等诸多内容；也包括其在工商、税务、银行以及外汇管理局等部门的信任等级。此外，海关对每一家加工贸易企业的诚信情况也会作出分类评定。这些方面对海关认定其守法状况和从事加工贸易经营活动的风险值，有着重要的参考价值。⑧市场中的莫测行情。市场中不可预测的行情变化，比如价格、行业的景气指数，在多大的幅度内是企业能够承受的。⑨法律、政策的变化。国家宏观政策的调整，海关作业方式的改革，税则税率的变化等都会给企业执行加工贸易合同带来影响。⑩经济或贸易的纠纷。这种纠纷小的是企业与企业之间发生的纠纷，比如合同履约、债权债务、司法诉讼等方面；大的是国家与国家之间的纠纷，比如特保措施、反倾销等。

其次，进行风险分析。

风险分析是实施风险管理的关键，需要从风险指标出发，以信息数据为基础，运用专家调查法、层次分析法和模糊评价法量化分析手段，通过计算机分析和人工分析定量和定性相结合，准确甄别风险信息的真实性和风险值的大小，为正确决策提供准确依据。在运用加工贸易风险管理信息平台收集的数据基础上，使用专家调查法建立风险评价指标体系，将层次分析法与模糊评价法结合起来构建“AHP-模糊评价模型”，先用层次分析法科学地确定各个影响因素的权重，然后再运用模糊评价法进行综合评价。可以通过如下步骤实现。

第一，建立层次结构模型。

根据海关加工贸易监管的特点，邀请一些风险管理领域的专家根据以往风险管理工作的经验，并考虑数据的可获得性，提出对海关加工贸易监管影响较大的风险指标。然后综合多位专家的意见，选择三个风险评价指标分别为信用风险、管理风险和商品风险。该指标体系可以作为层次结构模型，用于后续加工和处理。

第二，构造判断矩阵。

通过设计海关加工贸易监管风险评价指标权重评分调查表，将海关加工贸易监管风险识别指标体系和指标重要程度提交给企业管理方面的业务专家，要求业务专家根据自身的业务经验和专业知识，对因素进行两两对比，给出相对权重值，从而构建起判断矩阵。

第三，进行层次单排序及其一致性检验。

分别求出信用风险、管理风险和商品风险对其影响的权重。求出矩阵的特征向量和最大特征值，并计算出一致性指标：$CI=(\lambda_{max}-n)/(n-1)$。同时，验证判断矩阵是否具有满意的一致性，如果具有满意的一致性，则所求得的特征向量 W 可以作为各因素的权重系数。

第四，建立评价等级。

将海关监管面临的风险划分为三个等级，即“低风险”、“中等风险”、“高风险”。

第五，确定评价矩阵。

组成专家团，这些专家需要具有至少五年的风险管理工作经验，要求每一位专家填写海关加工贸易监管评价指标等级确定调查表，对各因素确定一个评价等级，然后根据各等级专家所占专家总人数的比例构架评价矩阵。

第六，模糊评价。

$$A = w \times \begin{bmatrix} B \\ B_1 \\ B_2 \\ \vdots \\ B_n \end{bmatrix}$$

第七，对模糊评价结果的加工。

采用加权平均法对模糊评价结果进行加工。假设“低风险”、“中等风险”、“高风险”三个等级分别得分 1、2、3，于是可以得到向量 $T = [1, 2, 3]'$，则整体最终评价值 $S = A \times T$。因此，若最终的计算结果 $0 < S < 1$ 则认为风险很小，$1 < S < 2$ 则认为风险中等，$2 < S < 3$ 则认为风险很大。

如果认定为低风险业务，海关则可以根据“守法便利”原则，给予企业最大的便利。采用较为便捷的监管方式，对该业务的单证作业审批实行“初审、复核制”，减少审批层次，加快办事速度，对此类加工贸易原则上不下厂核查，对企业的核查以书面为主，可免于征收相应风险担保金，手册的核销以企业申报为主；如果认定为“中等风险”则需要加强对相关单证的审核，单证作业审批实行“科员、科长”两级审批制，酌情征收其风险担保金，密切关注企业业务动向，结合动态监控情况，视情下厂核查，海关核查以“主料”核查为主；如果认定为高风险业务则应采取最为严格的监管措施，对此类加工贸易业务，在单证作业上应实行“科员、科长、处长”三级审批制，并应征收相应的风险担保金，严格控制该企业开展外发加工、深加工结转等业务，加强中期核查，做到下厂核销，对企业进出口的所有货物票票核对，确认单货、单证、货货是否相符，如有必要，还可借助会计师事务所等中介的力量协助海关开展核查。

再次，建立健全风险决策与处置的协调机制。

规范各层级、各部门、各岗位风险决策的原则、程序和方式，协调运用预定式布控、即决式布控等多种风险处置的方法和手段，优化管理资源的整体配置，促进整体、局部和具体工作目标三者间的协调和统一。

对于风险信息提示，必须立即行动，做好风险布控。风险布控是通过风险布控作业，对企业和商品海关实行监管与核查。主要通过以下两种手段来实现：①自动布控，系统根据设定的风险要素，对增量数据自动进行风险分析，并将产生风险信息按不同环节的风险自动进行布控。对于备案、核销、通关方面的风险，直接将风险信息传输到 H2000 系统，在海关操作人员进行合同备案（或变更）、初审、复审、合同报核、核算，报关单接单时，系统提示风险信息，向操作人员发出预警信息，并提示处置方式。②手工布控，对于外部提供的风险信息，系统提供了外部风险信息布控功能。关员可将风险信息维护到系统，同时确定该风险布控的环节、措施及有效日期，系统可将信息按照自动布控方式将风险布控到各业务现场的相应环节。对于辅助分析产生的风险信息，系统提供了分析过程的布控功能，确定该风险布控的环节、措施及有效日期，并按照自动布控方式将风险布控到各业务现场的相应环节。

最后，建立健全风险管理工作的绩效考评机制。

绩效评估是对风险管理成果的定量定性分析，是体现奖励机制、调整监管重点的依据。绩效评估通过对各现场的风险要素的分析，统计出各现场实施有效监管的条数、案件查获的条数、有效布控的条数（或有效布控率）、有效查获的条数（或查获率），以及排除无风险或低风险要素的条数，从而提高风险布控的命中率，提高工作效率。海关要对各层级、各部门风险决策和处置的效果进行客观公正的评估，为确定和调整新一轮风险分析的目标和重点提供支持，使风险管理工作形成不断提高和自我完善的良性循环。

8.11.4 建立健全“企业自管、海关监管、政府协管、社会共管”的综合治理机制

（1）企业自管

随着经济全球化进程的加快，贸易行为进一步规范化，公平竞争日益重要，树立依法经营的观念、建立守法经营机制已经成为大多数加工贸易企业的自觉行为。建立加工贸易综合管理机制的目的之一就是促进企业建立守法经营机制，从“被动守法”转向“主动守法”，与广大合法企业建立合作伙伴关系，实现海关与企业的双赢。

第一，要充分认识企业自管的内涵和功能。企业自管是指加工贸易企业顺应经济发展规律和海关监管要求，采用有效措施加强自身管理，提高内部管理水平，树立依法经营理念，建立守法经营机制。企业自管是市场经济体制下企业降低经营管理成本，追求长远发展的需要，也是现代海关制度下提高海关监管效率和效能，更好地实现海关监管职能的基础，更是加工贸易企业和海关建立合作伙伴关系实现双赢目标的基础。

第二，企业要积极主动地确定服务于海关监管需要的企业自管内容指标。

海关对企业进行分类管理，对不同类别的企业，海关的要求基本一致。但是不同类型的企业特点不同，海关采取的监管措施、提供的便利条件是不同的，对企业自管要求基本一致的基础上也理应有所不同。企业要根据自身特点，确立自管内容指标。

（2）海关监管

加工贸易海关监管是国家和法律赋予海关的一项重要职能，在加工贸易综合管理机制中始终居于主导地位。加工贸易海关监管是指海关依照海关法及有关行政法规，对加工贸易企业及其保税进出口货物进行监督和管理。首先，明确加工贸易海关监管的基本目标。从现代管理者的角度看，监管行为是一种政府管理行为。管理讲究规范和效率，管理的目的也是为了达到有序和高效。有效监管是海关的一项重要职能，海关的一切工作必须建立在此基础上。高效运作是检验监管有效性的标准之一。加工贸易海关监管的基本目标就是实现有效监管和高效运作的有机统一，确保保税进口的货物在境内期间完全处于海关的有效监管之下，使企业依法履行保税责任和义务，进口货物百分之百制成成品出口或依法征税内销，防止加工贸易税收的“跑、冒、滴、漏”，打击加工贸易渠道中的走私违法行为，保证国家贸易、产业、税收、财政政策在加工贸易领域得到有效施行。同时，不断适应加工贸易发展新需求，改革创新海关监管模式，提高通关效率，为加工贸易健康发展创造良好环境。其次，确定加工贸易海关监管的主要内容指标，坚持加工贸易监管基本制度。主要包括：在备案方面，严格按规定凭外经贸主管部门批件办理备案手续，制定统一的备案规范，细化和规范加工贸易进出口货物的品名、规格、计量单位、耗用量等方面的标准，并适时根据企业经营动态下厂复核企业的生产能力，提高合同备案的质量，为后续监管打好基础；在单耗管理方面，根据《中华人民共和国海关加工贸易单耗管理办法》等有关规定，加强单耗管理，防止企业通过高报单损耗擅自倒卖保税料件；在定期核销方面，采取有效措施，提高加工贸易企业报核率、报核准确率和核销结案率，加强下厂核查、核销力度，确保企业申报数据的真实和有效；在加工贸易内销方面，认真审核企业的内销批准证件、有关许可证件以及应税货物的价格水平，依法征收税款和缓税利息，确保加工贸易内销征税的应收尽收，防止税收

"跑、冒、滴、漏"；在不作价设备管理方面，加强对不作价设备的审批备案管理和后续实际监管，防止企业擅自挪用、转让和倒卖海关监管设备；在实际监管方面，以企业为单元，在风险分析的基础上对企业进行核查、稽查，及时掌握企业生产经营状况等动态信息，防止企业擅自搬迁、非正常消亡（死厂）及发生偷逃国家税收的事情。

（3）政府协管

政府协管即明确政府的加工贸易管理职责，促使政府将加工贸易管理纳入日常的经济管理轨道，协助海关履行监管职能，促进和保障加工贸易持续健康地发展。要确定政府协管的主要内容指标。基层政府主管部门要将加工贸易管理纳入日常经济管理轨道，为海关履行监管职能创造条件。

（4）社会共管

社会共管并不是指社会各部门、各组织都采取具体措施来管理加工贸易，而是指海关从思想观念上拓宽监管思路和监管视野，主动加强与社会各类管理部门、行业协会、中介机构的联系与合作，有效整合利用一切可用的管理资源，实现海关监管效能的最大化，在此基础上，加强综合治理和政策法规宣传，营造海关执法的良好社会环境。

8.11.5 实行多种管理手段以提高监管水平和行政效能

由于中国"漫山放养"的加工贸易存量非常大，对大量这样的企业进行物理围网式监管没有必要也不太可能，但是，后来增加的加工贸易企业集中在出口加工区、保税区等海关特殊监管区域。鉴于此，现阶段可以考虑对"漫山放养"的加工贸易采用信息围网的方式进行监管，具体来说就是"联网监管+核查"，对进入海关特殊监管区域的加工贸易进一步完善物理围网管理模式。

（1）完善联网监管手段

联网监管是海关改革加工贸易监管模式的基本方向，是深化加工贸易监管制度改革的重要内容之一。实行联网监管就是以电子账册取代纸质账册，从而使海关的监管工作从大量繁杂的单证和手续中解放出来，使更多的人员进入现场监管中，以降低监管成本，提高监管水平。

第一，进一步改进中期核查功能的软件。

在联网核查功能计算机软件设计时，海关总署以海关内网电子账册中进出口报关单为基础，核算企业应存数与企业ERP系统向电子口岸平台发送的企业实存数。但是，由于内网电子账册中进出口报关单数据的定义为结关后的数据，目前通关实践中实现结关的滞后性和每张报关单滞后的时间是不确定的，这使海关内网中核算企业应存数的基础报关单缺损了已经发生而尚未结关的那部分报关单，因而以这样一组数据与企业当前实存数进行比对就失去了比对的实际意义。

要实现这一比对在时间上的同一性，必须改变设计思路，把参与核算应存数的进出口报关单的定义由内网电子账册中已结关进出口报关单改为外网托管服务器中企业已经发生的进出口报关单。诚然，已发生未结关报关单数据尚有变更的可能，但除因数量差异而发生的变更外，其他变更都不会影响这一比对的有效性，而因数量差异而发生变更的概率在实践中是微乎其微的。

第二，尽早完成法规、计算机接口和操作规范上与国检、国税的部际协调。

加工贸易管理是一个系统工程，涉及外经贸主管部门、国税和检验检疫部门，仅海关一家的联网不能形成积聚效应。作为一个全国的统一版本，在与相关部门的联网上目前仅解决了与外经贸主管部门联网审批的接口开发和法规问题，而与检验检疫部门以及国税的协同动作，从部际层面上尚未完成。

第三，要真正落实企业主动申报制度。

在现有核销制度下，监管人员对企业饱和的数据必须亲自反复核对，久而久之，出口成品保税料件耗用的核算变成了海关分内的工作。核销结果以海关核算为准的做法实际上是剥夺了企业申报的权利，企业的自律意识和责任意识被大大削弱，当处理意见企业认为对其不利的时候，会发生讨价还价的情况。因此，必须高度重视企业主动申报，应将海关对联网核查数据获得方式由“主动提取”改为“企业申报”，申报的涵盖面也应由进出口报关扩展到联网监控数据的申报、报核申请等方面。且企业要对申报内容的真实性负责，海关的职能只是通过事后稽查的手段规范企业的申报行为。

第四，要形成海关内部综合监管格局。

加工贸易联网监管是一个系统工程，涉及预归类、进出口通关、技术、稽查等方方面面，必须依靠各职能部门的通力合作才能完成。具体来说，联网前期准备工作中需要帮助企业建立符合海关监管需要的商品参数库，将预归类的职能发挥得淋漓尽致；在通关查验环节，不仅可以核对申报货物品名与实物是否一致，而且可以通过调阅联网核查数据对申报出口货物的料件组成情况进行核对，进一步丰富了核查内容；联网运作后的阶段性核查核销则完全以企业为管理单元，核查方法与稽查接轨。

第五，寻求外部合作。

联网监管强调的保税库存盘点，已成为见证企业关务管理与物流管理水平的重要手段。随着联网企业的不断增多，加工贸易监管人员成为“瓶颈资源”，企业财务年盘点的时间相对固定且集中于年末，在同一时间几乎无法应对每个企业的监盘工作。因此，寻求外部合作，引入会计审计势在必行。目前实行电子联网的企业年出口金额都在1000万美元以上，因此几乎每个联网企业资金实力都非常雄厚，经调查，大多数企业都聘用了世界著名的四大会计师事务所，因此海关可与会计师事务所加强联系沟通，要求他们在会计报告中体现海关所需要的数据，以保证数据的法律效力性。

第六，建立“守法便利，违法严惩”的游戏规则。

所谓“守法便利，违法严惩”，简单地说就是海关的制度设计和管理方式方法要确保守法企业在海关的每个监管环节都非常顺利，通关效率非常高，让企业“感觉不到海关的存在”；而同时又要加大对违法和违规企业的监管和惩罚，增加其在办理各海关业务环节的人力、物理、财力和时间成本，让其感觉到“海关无处不在”。

第七，法律保障。

联网监管要有法律支持，法律支持除了建立健全联网法规规章外，最重要的是解决电子数据法律地位和电子操作法律效力问题，否则联网监管将遇到巨大障碍。

（2）进一步发挥物理围网的优势

为应对物流国际化、经营个性化、运作专业化给海关原有监管模式带来的巨大挑战，在继续保持原有制造功能的管理模式基础上，要体现封闭性的特点。出口加工区等物理围网的海关特殊监管区域要进一步运用信息化管理、风险管理等先进技术，建立“以报代备、以查代销”的管理新模式，在统一监管方式、统一管理系统、统一配套政策的基础上实现海关监管重点从审批单站为主的环节监管向以实物验核为主的过程监管转变。

第一，通过环节整合、流程再造实现以报代备。

改革目前以单耗为核心的出口加工区电子账册管理模式，对区内加工贸易企业备案、报关、核销的管理方式，进一步简化账册的备案审核，取消单耗备案；对功能拓展后入区的非制造加工型企业取消备案环节，即充分利用信息化管理平台，以区内企业为单元，细化企业进出口商品通关预审数据库，实现加工货物在进出口前对企业的经营范围、贸易管制、申报规范等监管要素的一次性提前审核，确保企业实际申报数据的有效性，缩短货物实际申报审核时间。通过环节整合，实现海关监管链的前伸后移，同时减少功能拓展后入区企业货物的流转环节，为便利货物流转提供条件。

第二，通过信息支持、分类管理实现无纸通关。

坚持科技先导，加强信息化在海关监管中的先导作用。对加工区内企业实施分类管理，同时在实际进出境环节推行通关无纸化改革试点，进一步减轻审单岗位工作压力，完善加工区进出口货物的“一次申报、一次查验、一次放行”，最终实现货物实际进出口通关单证审核自动化、无纸化。充分利用信息化平台，对实际进出境货物，依据国家禁止类商品目录、限制类商品目录、不得开展加工贸易商品目录以及其他不允许仓储的商品目录作为风险参数，依托 H2000 系统实现无纸方式的通关作业；在本关区内的非实际进出境环节，依据相关规定实现集中申报，即对区外企业与出口加工区之间的流转货物，采用“分批进出区，集中报关”方式进行通关；对跨关区转关货物进一步简化申报手续，确保信息流和货物流的一致性。同时在出口加工区试点实行“属地申报，异地验放”通关模式，确保货物快速便捷流转，降低企业物流成本。

第三，通过风险管理、现场核查实现以查代销。

充分利用“物理围网”优势，在通关与卡口之间实现数据交换的基础上，强化卡口智能化管理，以实际进出区商品作为监控重点，完善以卡口货物风险布控为主的选择查验，以“进、出、转、存”数据为主要监控指标的中期核查和引入中介机构协查制度，简化并在条件成熟的基础上取消定期核销制度。具体模式为运用出口加工区中期核查系统，实时监控企业货物的进库、出库、领、退、库存等情况进行日常、动态监管，并根据进出货物的重点敏感程度、国内外价格差距的风险高低以及企业的资信状况，逐步探索建立出口加工区风险分析管理系统。对具有 ERP 系统管理的生产型企业，通过信息化管理平台，以企业为单元建立中期核查数据库，对进、出、存数据进行比对，并将比对结果供海关下厂核查使用，同时提供风险预警功能；对不具有 ERP 系统管理的生产型企业，采用企业核查辅助管理系统及时记录和生成企业的耗料及库存等动态信息，并定期向主管海关发送耗料及库存数；对仓储型企业，必须具备仓库管理系统及企业核查辅助管理系统，并定期向主管海关发送出入库数及库存数，在积极稳妥的基础上，科学、合理地设定各类风险项目和风险参数，对企业开展流向分析。海关将不定期开展核查，根据企业报关申报的内容，核对企业核查辅助管理系统中相应的数据，核查出入库平衡情况，对盘亏部分将依法补税；根据核查的不同结果可对企业发出补税、整改或通过等核查结论通知书，从而规范企业行为，实现有效监管。

8.11.6 进一步完善加工贸易监管政策

(1) 建立海关对加工贸易货物内销的管理制度

加工贸易的传统特征是“两头在外”，即原材料来自境外，加工成成品后复出口。由于加工贸易的内销已逐渐成为一种趋势而不仅仅是少量的偶然情况，现行制度由于没有考虑到上述变化的因素，原则上要求加工贸易成品必须出口不得内销，对特殊情况下不得不内销的也只简单规定“加工贸易保税进口料件或成品因故转为内销，海关凭主管部门准予内销的有效批准文件，对保税进口料件依法征收税款并加征缓税利息”，而海关在实际操作中对加工贸易成品内销的征税价格如何确定于法无据。有必要构建相应的管理制度，如建立加工贸易内销补税的价格申报和审计制度，明确加工贸易内销补税程序等。对联网企业从以合同为单元改为以企业为单元的监管模式后，海关修改了以往的逐批核销为集中核销，如每批原料进口的价格不同，内销时按哪种价格征税、加工贸易的副产品内销时如何征税等。应尽快完善内销补税管理，强化加工贸易内销货物的审价管理，建立加工贸易内销补税的价格申报和审计制度，遏制企业通过价格瞒骗偷逃税款现象。简化企业内销补税的手续，对联网监管企业，在《加工贸易内销批准证》核定的品种、规格、数量、金额范围内，允许经批准的企业按月度集中补税。

（2）深化加工贸易企业分类改革

企业分类管理与加工贸易监管的联系和配合，始于 1999 年国发 35 号文《关于进一步完善加工贸易银行保证金台账制度的意见》。该办法对加工贸易采取了按企分类管理、商品分类管理的新管理方式，把加工贸易企业分成 A、B、C、D 四类，对信用度较低的 C 类企业开展加工贸易征收风险担保金，对 B 类企业开展限制性商品业务征收风险担保金，对 A 类企业则免于征收等，对大型企业还增加了双 A 的类别，通过分类管理来降低海关监管风险。但现行的加工贸易企业分类还存在许多问题，可以从以下几方面入手进行改革：其一是细化分类标准，力求科学、严密、统一。根据企业的信用程度和生产规模，综合外经贸、工商、税务、银行、外汇管理局等多个监管部门的企业信用度，结合海关的内部审查制度及职工人数、资产总额、销售额、进出口总额以及利润率等，制定一个科学、严密、详细、统一、公正的，可以在全国内统一执行的审评标准，并且要加大企业信用度在分类中的重视程度。细化分类标准能够对企业的情况有更清楚的了解，在海关管理的各个环节能够有针对性地采取有效措施。同时还应该提高 A 类企业门槛，可以从提高企业资产规模和对企业进行强制认证两方面来实现。其二是对企业分类管理试行动态管理。海关要充分利用年审对企业经营状况、资信状况进行认真仔细的分析，对企业进出口业绩加工贸易核查情况仔细分析，综合多方信息，依据事先设定的评审标准，试行企业申请、海关年度综合评审的制度，对达不到标准的应当自动作出调整，并纳入计算机管理。

（3）关于深加工结转制度

按照“网上备案、动态监控、分别报关、自动对碰、重点核查”的思路，对深加工结转作业模式进一步优化和完善，简化深加工结转手续，方便守法企业办理结转手续，降低企业通关费用；同时加强对深加工结转货物实际监管，有效化解海关监管“见单不见货”带来的风险，减轻海关工作压力，达到海关、企业“多赢”的目的。

（4）完善保税核销制度

在进一步明确企业核销申报法律责任的前提下，对A类、B类企业，采取企业如实报核、计算机自动核算比对、海关人员在风险提示下据实核销相结合的做法，进一步简化核销程序及手续；对C类、D类企业，继续实行人工审核制度。对联网监管企业，海关结合企业的生产经营周期和盘库周期，对企业保税货物做整体滚动核销。对暂时没有实现联网监管的企业，进一步加大企业报核责任和海关核销力度，确保及时核销。对联网监管企业和保税区、出口加工区企业，以电子核销为主，必要时下厂抽查；其他企业在保税货物核销时需向海关详细申报料件、成品、单耗、残次品、余料、边角料、内销补税等情况，海关以下厂核销为主。要借助会计师事务所、审计事务所等社会中介力量，提高保税货物核销工作质量。

结　论

国际分工格局正从传统的垂直型分工向混合型分工转变，呈现出产业间分工、产业内分工与产品内分工并存的局面。加工贸易是我国参与产品内分工的重要方式，是产品内分工下实施贸易战略的新选择。本书基于国际产品内分工理论，研究了我国加工贸易转型升级问题。从分析我国通过加工贸易参与国际产品内分工的现状入手，从我国加工贸易发展中存在的问题以及对宏观经济的负面影响两方面深入分析我国加工贸易转型升级的必要性，对我国加工贸易转型升级影响因素进行理论与实证分析，在借鉴韩国、新加坡、我国台湾加工贸易转型升级经验的基础上，提出我国加工贸易转型升级的途径以及促进我国加工贸易转型升级的对策。其主要结论如下。

（1）我国加工贸易转型升级的必要性分析

我国加工贸易劳动力比较优势在逐步减弱，影响了加工贸易的持续发展；我国加工贸易处在全球价值链的底端，增值率不高；虽然加工贸易出口产品结构升级，但加工贸易出口产品竞争力不强；加工贸易与其他产业间的关联程度低，对国内产业的带动作用未充分发挥；外商投资企业是加工贸易的主体，其战略和目标影响我国加工贸易转型升级方向；加工贸易发展地区不均衡，现有的区域布局有碍于加工贸易的可持续发展；加工贸易发展引起经常项目、资本和金融项目双顺差，使我国面临严重的贸易摩擦。这些使我国经济付出了严重的环境代价和资源成本。

（2）产品内分工下我国加工贸易转型升级影响因素分析

研究中考虑了禀赋状况、产业结构、外商直接投资、需求条件、技术水平、技术创新与吸收能力、国内出口退税、深加工结转政策，对我国加工贸易转型升级影响因素进行了理论分析，使用 2000 ~ 2010 年中国省级面板数据，采用一步系统广义矩估计对我国加工贸易转型升级影响因素进行实证研究，结果表明技术创新能力是影响我国加工贸易转型升级的主要因素，外商直接投资不利于我国加工贸易转型升级。

(3) 我国加工贸易转型升级的经验借鉴

分析了韩国、新加坡、我国台湾加工贸易转型升级对中国加工贸易转型升级的经验借鉴。紧紧抓住国际产业转移的有利时机，合理运用产业政策，鼓励本土企业自主研发，提升加工技术水平，研发新产品和创立自主品牌，提升传统加工贸易产品的档次，重视知识产权保护，重视发展高新技术产品加工贸易，实施委托加工制度，鼓励国内采购的发展，重视国际物流业发展的经验对中国加工贸易转型升级有重要的借鉴意义。

(4) 我国加工贸易转型的途径

我国加工贸易转型的途径主要包括产业链升级、产品升级、企业升级、区域升级、产业集群升级。

(5) 促进我国加工贸易转型升级的策略

从11个方面提出促进加工贸易转型升级的对策。第一，应当通过进一步培育以企业为主体的技术创新主体，建立科技成果转化为核心的创业投资体系，完善以科技中介机构为主导的创新服务体系，构建以优化环境为目标的政策法规体系，健全以科技人才和创业人才培养为重点的人才开发体系的具体措施，加强国家（区域）自主创新体系建设，提升技术创新能力。第二，应当加大对大型跨国公司的吸引力度，鼓励外商投资企业在华设立科研开发中心，提高研发机构研发活动的档次。要下大力气加强跨国公司研发机构的溢出效应，提高本土企业吸收能力，提高外商直接投资的档次，发挥技术溢出效应。第三，应当认识商业模式差异，培育新的核心竞争力，实行双轨制，避免订单流失，培育创新能力，占领市场竞争制高点，规划品牌架构，建立国际化品牌识别体系来实现 OEM 企业转型升级。第四，要在国家相关政策上给予外商投资引导，在国家税收上给予高新技术企业优惠，建立与国际接轨的投资税收抵免制度，改善以外资为主体的高新技术产品加工贸易格局，培育以市场为导向的新型高新技术产品加工贸易企业的方式来加快高新技术加工贸易的转移。第五，通过重视生产性服务业的发展，将生产者服务业加工贸易政策作为目前加工贸易的重要组成部分，寻求行业切入点，与竞争对手印度形成差异来发展服务加工贸易。第六，提高国产中间投入品的质量和技术水平，促进中小企业集群发展，不断提高集群内外部的产业配套能力，要为企业建立中间投入品供求信息库，完善深加工结转政策，制定更加合理的原产地标准，完善加工贸易税收政策来推进加工贸易中间投入品本地化，提高国内采购率。第七，加强基础设施建设，扩大物流流量，挖掘保税物流潜力，提高运作水平，深化保税物流功能，以保税区转型和建立保税物流园区为中心，发展国际采购与配送中心业务。第八，企业应建立符合实际情况的营销策略，改善投资环境，变“海外接单”为“国内接单”，政府应在资金、信息、网络建设方面给予支持，创建品牌效应，开拓海外市场，树立自有品牌。第九，进一步完善境外加工贸易宏观管理制度，以政府为主导营造友好的境外加工贸易国际环境，建立和完善境外加工贸易的支持体系，企业制定合理的海外投资战略，实施“走出去”战略，促进境外加工贸易的发展。第十，根据东中西部地区的相对优势，协调加工贸易区域发展的战略定位，采取合理的措施引导沿海加工贸易向内地转移，进一步扩大东西部加工贸易政策落差等方面来促进东中西部加工贸易发展。第十一，通过实现海关管理思想和观念的转变，完善法规和政策，形成有效的宏观管理机制，建立加工贸易风险管理体系，建立健全“企业自管、海关监管、政府协管、社会共管”的综合治理机制，运用多种管理手段以提高监管水平和行政效能来完善海关加工贸易监管。

基于国际产品内分工理论对我国加工贸易转型升级问题进行了深入研究，然而本文的研究还存在很多不足，今后有必要从以下几个方面进一步完善。

①使用省级面板数据对加工贸易转型升级影响因素进行研究，而我国加工贸易在东、中、西部发展差距较大，且有些省份的统计数据不全，从而对估计效果有一定影响，可以使用行业面板数据进行估计，改进估计效果。

②本文对加工贸易转型升级影响因素以及促进加工贸易转型升级策略的研究主要是从出口的角度来展开的，忽略了进口在我国加工贸易转型升级中的作用。今后可以从进口角度研究我国加工贸易转型升级问题。

③对加工贸易微观主体的研究不够深入。然而新贸易理论关注贸易的微观主体，今后的研究可以从企业层面研究加工贸易的转型升级问题。

参考文献

[1] 卜国琴，刘德学．中国服装加工贸易升级研究——基于全球服装生产网络视角［J］．国际贸易，2006（11）：27-31.

[2] 曹宏成．产品内贸易：原理、效应及对中国的适用性分析［D］．复旦大学，2008.

[3] 陈超．完善海关加工贸易监管体系的研究［D］．电子科技大学，2010.

[4] 陈坤．天津东疆保税港区发展模式研究［D］．天津大学，2011.

[5] 陈淼．我国加工贸易转型升级存在的问题及政策［D］．东北财经大学，2011.

[6] 崔大沪．外商直接投资与中国的加工贸易［J］．世界经济研究，2002（6）：9-15.

[7] 崔玮．我国加工贸易的技术进步效应：理论模型与实证分析［J］．河南社会科学，2011（2）：120-123.

[8] 邓福光．中国加工贸易发展和海关监管［M］．北京：中国海关出版社，2010.

[9] 邓国营．西部地区发展加工贸易的可行性分析及产业定位［D］．西南财经大学，2007.

[10] 丁冰．试析我国利用外资与国家经济安全的关系［J］．当代经济研究，2011（11）：29-36.

[11] 丁昊．区港联动型保税物流园区发展建设研究［D］．天津财经大学，2007.

[12] 丁蕾．R&D 投入对我国劳动密集型加工贸易升级影响的实证研究［J］．科技管理研究，2011（16）：135-137.

[13] 杜玉莹．加工贸易的动态利益及实证研究［D］．江西财经大学，2006.

[14] 方静．后危机时代我国加工贸易转型升级研究［D］．安徽大学，2011.

[15] 傅钧文．加工贸易发展战略及中国的选择［J］．世界经济研究，2008（7）：3-8.

[16] 高寿华．中国产品内贸易的收入分配效应研究［D］．浙江大学，2008.

[17] 高越，高峰．产品内贸易与外商直接投资的关系——理论模型与基于中国数据的经验分析［J］．数量经济技术经济研究，2006（8）：98-105.

[18] 葛翠翠．中国加工贸易转型升级的影响因素分析［D］．南京财经大学，2010.

[19] 龚震. 海关保税物流监管场所准入退出机制研究 [J]. 国际贸易, 2007 (6): 14-21.

[20] 龚正. 试论海关多元化保税仓储物流监管体系 [J]. 财政研究, 2005 (8): 49-51.

[21] 顾磊. 国际产品内贸易的模式、效应与政策研究 [D]. 南开大学, 2010.

[22] 顾丽丽. 加工贸易转型中海关监管模式的转型研究 [D]. 复旦大学, 2011.

[23] 郭振雨. 加工贸易转型升级背景下海关监管机制研究 [D]. 天津大学, 2011.

[24] 国务院发展研究中心课题组. 区港一体——我国保税区功能转型政策体制设计 [J]. 港口经济, 2003 (5): 24-26.

[25] 何力. 用海关监管的转型促进加工贸易的升级 [J]. 中国对外贸易, 2006 (8): 82-84.

[26] 胡兵, 张明. 中国加工贸易增值率影响因素的实证分析 [J]. 财贸研究, 2011 (4): 54-60.

[27] 胡昭玲. 产品内国际分工对中国工业生产率的影响分析 [J]. 中国工业经济, 2007 (6): 30-37.

[28] 黄菁, 杨三根. 中国加工贸易结构升级影响因素的实证分析 [J]. 世界经济研究, 2006 (1): 41-47.

[29] 黄胜强. 天津口岸物流发展与海关监管模式 [OL]. 2006-4-3 (9).

[30] 黄廷. 基于产品内分工的我国贸易条件变化研究 [D]. 长沙理工大学, 2007.

[31] 黄晓玲. 发展加工贸易与产业技术升级探析 [J]. 国际商务 (对外经济贸易大学学报), 2007 (1): 5-9.

[32] 黄志勇. 我国保税港区管理体制机制创新研究 [J]. 宏观经济研究, 2012 (4): 72-76.

[33] 黄智杰. 探索欠发达省份加工贸易承接路径 [J]. 国际贸易, 2009 (6): 15-18.

[34] 霍焱. 我国加工贸易产业转型升级问题研究 [D]. 云南财经大学, 2010.

[35] 籍艳丽, 席艳乐. 产品内分工对相对就业的影响——基于中国制造业面板数据的实证分析 [J]. 山西财经大学学报, 2009 (12): 49-55.

[36] 江育春. 基于加工贸易产业集群的保税物流体系的整合与创新 [J]. 物流科技, 2008 (4): 63-65.

[37] 蒋荷新. 不同时期我国加工贸易就业效应的比较研究 [J]. 世界经济情况, 2007 (3): 1-6.

[38] 金芳. 产品内国际分工及其三维分析 [J]. 世界经济研究, 2006 (6): 4-9.

[39] 黎国林, 江华. 我国加工贸易区位分布及其优化的研究 [J]. 国际贸易问题, 2008

(4)：23-27.

[40] 李晨. 我国加工贸易转型升级的路径选择 [J]. 产业经济研究，2010 (4)：82-90.

[41] 李春梅. 中国产品内分工发展与加工贸易部门就业影响估计 [J]. 中国城市经济，2011 (29)：68.

[42] 李辉. 中部六省承接加工贸易转移问题研究 [J]. 郑州航空工业管理学院学报，2008 (6)：43-47.

[43] 李少华. 产品内分工视角下我国加工贸易结构优化研究 [D]. 2008，硕士.

[44] 李文珍. 产品内国际分工的效应及其关联度 [J]. 改革，2010 (11)：97-101.

[45] 李熙娟. 加工贸易产业关联度及波及效果的分析 [D]. 湖南大学，2005.

[46] 李元春. 中国加工贸易转型升级问题研究——基于转变经济发展方式的视角 [D]. 2008.

[47] 梁俊峰. 北海区港联动保税物流园区的发展战略研究 [D]. 湖南大学，2009.

[48] 廖涵. 论我国加工贸易的中间品进口替代 [J]. 管理世界，2003 (1)：63-70.

[49] 林霓裳. 加工贸易出口对我国工业行业就业影响的实证分析 [J]. 管理学家（学术版），2009 (3)：54-59.

[50] 刘德学，李晓姗. 加工贸易升级机制实证分析 [J]. 国际经贸探索，2010 (8)：4-9.

[51] 刘红英. 中国加工贸易地区差异及其影响因素的实证研究 [D]. 湖南大学，2008.

[52] 刘建江，杨细珍. 产品内分工视角下中美贸易失衡中的贸易利益研究 [J]. 国际贸易问题，2011 (8)：68-80.

[53] 刘立平，朱婷婷. 基于引力模型的中部六省承接东部地区加工贸易产业转移比较研究 [J]. 安徽工业大学学报（社会科学版），2011 (1)：3-5.

[54] 刘似臣. 我国加工贸易的产业升级效应研究 [J]. 统计研究，2005 (2)：31-34.

[55] 刘忠庆. 对外直接投资促进体制的建立与完善 [J]. 国际经济合作，2011 (3)：25-28.

[56] 隆国强. 论新时期进一步提高利用外资质量与水平 [J]. 国际贸易，2007 (10)：44-48.

[57] 隆国强. 加工贸易发展问题研究 [J]. 国际贸易，2006 (9)：4-8.

[58] 隆国强. 加工贸易转型升级之探讨 [J]. 国际贸易，2008 (12)：8-14.

[59] 卢进勇，闫实强. 中国对外投资促进与服务体系建设的演进、成绩和前景展望 [J]. 国际贸易，2012 (1)：18-22.

[60] 吕明丽. 中国加工贸易区域转移问题研究 [D]. 天津财经大学，2011.

[61] 吕伟红. 构建海关保税物流监管体系 [J]. 大陆桥视野，2008（7）：19-21.
[62] 罗建兵. 加工贸易产业升级与国内价值链构建 [J]. 贵州财经学院学报，2010（2）：30-34.
[63] 罗建兵，叶林祥. 加工贸易产业梯度转移与区域和谐发展：基于产品内分工的视角 [J]. 财贸研究，2009（5）：43-49.
[64] 罗希晨. 我国加工贸易环境效应的实证分析 [D]. 浙江大学，2009.
[65] 马强. 国际金融危机后对创建广东加工贸易转型升级示范区的思考 [J]. 对外经贸实务，2009（6）：11-13.
[66] 马强. 加工贸易管理制度改革方向 [J]. 国际贸易，2007（3）：23-26.
[67] 马强. 我国加工贸易转型升级问题研究 [J]. 经济研究参考，2005（32）：34-39.
[68] 马涛，刘仕国. 产品内分工下中国进口结构与增长的二元边际——基于引力模型的动态面板数据分析 [J]. 南开经济研究，2010（4）：92-109.
[69] 马野青. 产品内分工视角的中国外贸顺差及其利益分析 [J]. 世界经济与政治论坛，2010（1）：27-36.
[70] 马一可. 我国保税体系变迁及其经济效应分析 [D]. 天津财经大学，2010.
[71] 聂名华. 完善我国外商直接投资管理的对策思考 [J]. 国际贸易，2010（2）：57-61.
[72] 宁坤. 生产性服务业对产品内分工的影响分析 [J]. 商业时代，2012（5）：113-114.
[73] 宁磊，李勇，吴铭. 对外直接投资的发展及促进体系建设 [J]. 国际经济合作，2011（4）：4-9.
[74] 欧庆团. 广州海关大监管体系构建研究 [D]. 兰州大学，2011.
[75] 潘晓梅. 中国海关对空港保税物流监管制度的研究 [D]. 华东师范大学，2009.
[76] 潘有庆. 保税物流需要新体系 [J]. 中国海关，2011（2）：50.
[77] 潘悦. 加工贸易产业升级和技术进步 [J]. 经济研究参考，2003（11）：27-56.
[78] 裴长洪，彭磊. 加工贸易转型升级："十一五"时期我国外贸发展的重要课题 [J]. 宏观经济研究，2006（1）：6-13.
[79] 裴长洪，杨志远. 实现我国吸收外商直接投资的新跨越 [J]. 国际贸易，2011（9）：4-11.
[80] 裴长洪，杨志远. 提高吸引外商投资水平的再思考 [J]. 国际贸易，2012（9）：4-10.
[81] 彭桂芳. 珠三角加工贸易技术溢出的启示 [J]. 经济纵横，2008（10）：25-27.
[82] 蒲华林. 产品内国际分工与贸易对我国贸易平衡的影响分析 [J]. 国际贸易问题，2011（4）：15-23.
[83] 蒲华林. 产品内国际分工与贸易的决定因素——基于中国零部件贸易数据的实证分

析［J］. 国际贸易问题，2010（5）：3-11.
［84］蒲华林. 产品内国际分工与中国外贸增长——理论、实证与政策［M］. 北京：经济科学出版社，2011.
［85］戚晓曜，邱志珊. 中国加工贸易研究［M］. 北京：中国经济出版社，2011.
［86］乔晶. 中国加工贸易发展的经济效应及可持续性研究［D］. 重庆大学，2011.
［87］乔晶，刘星. 中国加工贸易就业效应的实证研究［J］. 当代财经，2011（2）：102-108.
［88］曲建. 促进加工贸易向中西部转移的思考［J］. 国际贸易，2006（10）：9-11.
［89］任重. 基于产品内分工的贸易政策研究［J］. 中央财经大学学报，2011（3）：50-55.
［90］沈宏伶. 关于我国加工贸易转型升级的研究［D］. 首都经济贸易大学，2008.
［91］沈克华. 加工贸易技术溢出的机制与效应研究［D］. 上海社会科学院，2011.
［92］沈玉良，沈克华. 发展我国服务加工贸易的路径选择［J］. 国际贸易，2006（3）：28-31.
［93］施炳展. 中国出口产品的国际分工地位研究——基于产品内分工的视角［J］. 世界经济研究，2010（1）：56-62.
［94］史本叶. 垂直专业化与产品内贸易研究［D］. 吉林大学，2008.
［95］宋红军. 我国加工贸易转型升级的制约因素及对策［J］. 经济纵横，2005（11）：17-19.
［96］孙楚仁，沈玉良，赵红军. 加工贸易和其他贸易对经济增长贡献率的估计［J］. 世界经济研究，2006（3）：54-62.
［97］孙国辉. 我国加工贸易转型升级机制的研究［J］. 经济管理，2007（8）.
［98］孙书军，范巍. 关于构建海关大监管体系的战略研究［J］. 上海海关学院学报，2010（1）：42-47.
［99］孙文远. 产品内分工刍议［J］. 国际贸易问题，2006（6）：20-25.
［100］孙文远. 产品内价值链分工视角下的产业升级［J］. 管理世界，2006（10）：156-157.
［101］田文. 加工贸易的分配效应分析［J］. 世界经济，2007（1）：12-19.
［102］田文. 产品内贸易模式的决定与利益分配研究［J］. 国际商务、对外经济贸易大学学报，2005（5）：9-13.
［103］童永霞. 我国加工贸易的就业效应研究［J］. 统计与决策，2011（22）：135-137.
［104］涂庆丰，张芳. 中西部地区承接加工贸易梯度转移的路径分析［J］. 当代经济，2010（24）：146-148.
［105］万惊梦. 中部地区海关深化加工贸易监管改革研究［D］. 复旦大学，2011.

[106] 王洪庆. 我国加工贸易的技术溢出效应研究 [J]. 世界经济研究，2006 (7)：35-39.

[107] 王桦. 我国加工贸易海关监管制度研究 [D] . 西南财经大学，2005.

[108] 王怀民. 加工贸易、劳动力成本与农民工就业——兼论新劳动法和次贷危机对我国加工贸易出口的影响 [J]. 世界经济研究，2009 (1)：15-18.

[109] 王怀民，李凯杰. 加工贸易与地区收入差距 [J]. 世界经济研究，2010 (8)：45-49.

[110] 王惠珍. 我国加工贸易转型升级的策略思考 [J]. 华东经济管理，2005 (4)：111-113.

[111] 王惠珍. 发挥保税物流中心优势　推进加工贸易转型升级 [J]. 交通企业管理，2005 (5)：38-39.

[112] 王静. 我国加工贸易转型升级研究 [D] . 云南大学，2011.

[113] 王平. 加工贸易发展中的原产地规则问题 [J]. 财贸经济，2004 (9)：52-55.

[114] 王晓红. 积极发展加工贸易 着力推进升级转型 [J]. 国际贸易，2010 (1)：32-37.

[115] 王燕玲，林峰. 西部地区应积极承接东部地区产业转移 [J]. 经济问题探索，2005 (2)：11-14.

[116] 王灶金. 产品内分工发展与我国加工贸易发展战略研究 [D] . 厦门大学，2008.

[117] 韦毅. 构建海关保税加工大监管体系必须注重多元关系的和谐互济 [J]. 上海海关学院学报，2009 (4)：32-35.

[118] 吴坚. 论我国加工贸易的监管法律制度的完善 [D] . 上海海事大学，2007.

[119] 向丽. 基于产品内分工的我国加工贸易升级研究 [D] . 西南交通大学，2011.

[120] 忻霞芬. 上海西北综合物流园区建立保税物流中心的战略背景和条件分析 [J]. 科技资讯，2006 (1)：155-156.

[121] 徐厚永，徐枞巍. 我国出口加工区现状及功能拓展分析 [J]. 国际贸易，2009 (4)：46-48.

[122] 徐剑明. 延长我国加工贸易国内价值链问题探析 [J]. 国际贸易问题，2003 (11)：14-17.

[123] 杨广志. 东北地区保税物流网络构建与管理研究 [D] . 大连海事大学，2011.

[124] 杨华宽. 对海关大监管体系框架下通关监管模式优化的研究 [J]. 上海海关学院学报，2010 (1)：60-63.

[125] 杨慧. 我国加工贸易转型升级问题探析 [D] . 对外经济贸易大学，2005.

[126] 杨梦泓. 我国加工贸易的技术进步效应研究 [J]. 技术经济，2007 (3)：55-57.

[127] 杨素琳. 我国海关大监管体系的构建及作用分析 [J]. 对外经贸实务，2010 (3)：58-60.

[128] 杨威. 中国物流园区运作的若干问题及建议 [J]. 物流技术，2005 (5)：16-18.
[129] 叶明. 中国加工贸易商品演变过程分析——基于曲线聚类方法研究 [M]. 2011：49-54.
[130] 叶相龙. 延长我国加工贸易国内价值链问题分析 [D]. 吉林大学，2008.
[131] 尹斌. 青岛海关加工贸易监管问题研究 [D]. 山东大学，2009.
[132] 于瀚，闫岩. 我国加工贸易转型升级要素分析 [J]. 国际贸易，2008 (12)：20-22.
[133] 俞佳琦. 直属海关大监管体系构建的研究 [D]. 复旦大学，2009.
[134] 曾贵. 加工贸易转型升级的机制探讨 [J]. 财经科学，2011 (2)：84-90.
[135] 翟月. 广东省加工贸易的环境效应研究 [D]. 浙江大学，2008.
[136] 张冰. 加工贸易技术溢出效应分析——基于浙江省的经验研究 [J]. 经济与管理，2012 (5)：82-86.
[137] 张冰. 关于加工贸易技术溢出效应的文献综述 [J]. 首都经济贸易大学学报，2012 (1)：109-115.
[138] 张冰. 台湾加工贸易的转型升级及启示 [J]. 对外经贸实务，2011 (5)：29-32.
[139] 张芳. 基于加工贸易非竞争型投入产出表的编制方法 [J]. 统计与决策，2011 (18)：23-27.
[140] 张芳. 中国加工出口的产业关联效应和波及效应——基于针对加工贸易之非竞争型投入产出表 [J]. 国际经贸探索，2011 (11).
[141] 张汉东. 发展加工贸易　打造外贸强省——浙江发展外贸的经验与对策 [J]. 国际贸易，2006 (6)：35-37.
[142] 张华初，李永杰. 论我国加工贸易的就业效应 [J]. 财贸经济，2004 (6)：87-89.
[143] 张纪. 产品内国际分工动因、机制与效应研究 [M]. 北京：经济管理出版社，2009.
[144] 张洁. 中国加工贸易增值问题研究——以价值链为视角 [D]. 河北工业大学，2007.
[145] 张婧. 我国加工贸易的技术溢出效应分析 [J]. 科技与管理，2004 (2)：59-61.
[146] 张婧. 我国加工贸易转型升级的现状剖析及政策启示 [J]. 商业经济，2005 (11)：99-101.
[147] 张婧，张建华. 论我国加工贸易的技术溢出效应 [J]. 科技管理研究，2007 (3)：68-70.
[148] 张露. 我国零部件产品内贸易发展研究 [D]. 湘潭大学，2011.
[149] 张明. 中国加工贸易出口的实证研究 [D]. 重庆师范大学，2010.

[150] 张明，胡兵. 加工贸易增值率的实证研究 [J]. 国际贸易问题，2010 (4)：25-31.
[151] 张平，黄家骅. 我国加工贸易的动态效应分析 [J]. 国际经济合作，2006 (3)：26-27.
[152] 张庆霖，陈万灵. 外资进入、内资研发与加工贸易升级——基于面板数据的实证研究 [J]. 国际经贸探索，2011 (7)：4-9.
[153] 张相文，黄娟，李婷. 产品内分工下中国对外贸易对环境污染的影响——基于投入产出模型的分析 [J]. 宏观经济研究，2012 (4)：77-82.
[154] 张小霓. 我国加工贸易转型升级问题研究 [D] . 广东外语外贸大学，2008.
[155] 张旭宏. 我国加工贸易发展面临的挑战与对策 [J]. 经济纵横，2004 (2)：7-11.
[156] 张旭宏. 我国加工贸易发展面临的挑战与对策分析 [J]. 宏观经济管理，2004 (4)：32-37.
[157] 张雪梅. 我国加工贸易海关监管模式研究 [D] . 青岛大学，2009.
[158] 张燕生. 我国加工贸易未来转型升级的方向 [J]. 宏观经济研究，2004 (2)：15-17.
[159] 张耀光，刘锴，刘桂春等. 中国保税港区的布局特征与发展战略 [J]. 经济地理，2009 (12)：1947-1951.
[160] 张英. 创新海关对加工贸易的监管模式研究 [D] . 上海交通大学，2007.
[161] 赵虎林. 促进加工贸易向中西部梯度转移的政策研究 [D] . 陕西师范大学，2008.
[162] 赵晓晨. 加工贸易转型升级效果评价 [J]. 当代财经，2011 (9)：85-93.
[163] 赵晓晨. 利用加工贸易技术扩散优化出口商品结构研究 [J]. 财贸研究，2006 (4)：49-56.
[164] 支羿梅. 建立健全海关加工贸易综合管理体系 [D] . 华东师范大学，2007.
[165] 周凤玲. 我国加工贸易转型升级研究 [D] . 西南财经大学，2012.
[166] 周琨玲. 天津港保税区国际物流区规划设计与发展研究 [D] . 天津大学，2010.
[167] 周莉凡. 我国高新技术产品加工贸易的发展对策研究 [D] . 四川大学，2005.
[168] 朱启荣，孟凡艳. 中国加工贸易就业效应的实证分析 [J]. 商业研究，2007 (10)：85-88.
[169] 朱雯君. 我国加工贸易的环境效应研究 [D] . 暨南大学，2011.
[170] 朱钟棣，李璇. 我国加工贸易的增值因素分析 [J]. 国际商务研究，2007 (5).
[171] 祝晓峰. 中国加工贸易转型升级问题研究 [D] . 吉林大学，2009.
[172] Al-Mawali，Nasser. Country-Specific Determinants of Vertical and Horizontal Intra-Industry Trade of South Africa：An Empirical Investigation. South African Journal of

Economics, 2005, Vol. 73, No. 3.

[173] Amighini, Alessia. China in the Intenlational Fragmentation of Production: Evidence from the ICT industry. The European Journal of Comparative Economics, 2005, Vol. 2 No. 2, pp. 203-219.

[174] Amiti, Mary and Wei, Shang-Jin. Fear of Service Outsourcing: Is It Justified? IMF Working Paper No. 186, October 2004.

[175] Arndt, Sven W (ed.) Globalization and Trade: A Symposium. The World Economy, 1997a, 20 (5).

[176] Athukorala, Prema-chandra and Yamashita, Nobuaki. Production Fragmentation and Trade Integration: East Asia in a Global Context. North American Journal of Economics and Finance, 2006a (I 7), pp. 233-256.

[177] Bhagwati, Jagdish; Panagariya, Arvind and Srinivasan, T. N. comic Perspectives, Fall 2004, 18 (4), pp. The Journal of The Muddles over Outsourcing. 93-114.

[178] Egger, Hartmut and Egger, Peter. The Determinants of EU Processing Trade. The World Economy, 2005, 28 (2), pp. 147-168.

[179] Eichengreen, Barry and Tong, Hui. How China is Reorganizing the World Economy. Asian Economic Policy Review, 2006 (1), pp. 73-97.

[180] Grossman, Sanford J. and Hart, Oliver D. The Costs and Benefits of Ownership: A Theory of Vertical and Lateral Integration. Journal of Political Economy, August 1986, Vol. 94 (4), pp. 691-719.

[181] Grossman, Gene M. and Helpman, Elhanan. Integration versus Outsourcing in Industry Equilibrium. The Quarterly Journal of Economics, February 2002a, Vol. 117, No. 1, pp. 85-120.

[182] Grossman, Gene M. and Helpman, Elhanan. Outsourcing in a Global Economy. NBER Working Paper Series, No. 8728, January 2002b. Review of Economic Studies, 2005, Vol. 72, No. 1, pp. 135-159.

[183] Hummels, D., Rapoport, D. and r, Kei-Mu. Vertical Specialization and the Changing Nature of World Trade, FRBNYEconomic Policy Review, 1998.

[184] Hummels, D., Ishii, J. and Yi, Kei-Mu The Nature and Growth of Vertical Specialization in World Trade. A revised and extended version of a working paper "The Growth of World Trade" by Ishii and Yi (1997), 1999. Journal of International Economics, 2001 (54), pp. 75-96.